하루 10분 말하기 습관

생활 미얀마어

■ 퓨퓨륀쏘(Phyu Phyu Lwin Soe) 지음

하루 10분 말하기 습관
생활 미얀마어

초판인쇄   2019년 3월 4일

지 은 이   퓨퓨륀쏘(Phyu Phyu Lwin Soe)
펴 낸 이   임승빈
편   집   송영정
디 자 인   이승연(dawon6690@naver.com)
조   판   오미원
일러스트   손도영
펴 낸 곳   ECK북스
            서울시 구로구 디지털로32가길 16, 401
            (구로동, 파트너스타워2차) [08393]
TEL   02-733-9950
URL   www.eckbook.com
E-mail   eck@eckedu.com
신고번호   제 25100 - 2005 - 000042호
신고일자   2000. 2. 15
ISBN   978-89-92281-75-1
정   가   14,000원

이 도서의 국립중앙도서관 출판예정도서목록(CIP)은 서지정보유통지원시스템 홈페이지(http://seoji.nl.go.kr)와 국가자료공동목록시스템(http://www.nl.go.kr/kolisnet)에서 이용하실 수 있습니다. (CIP제어번호 : CIP2019004755)

하루 10분 말하기 습관

생활 미얀마어

■ 퓨퓨륀쏘(Phyu Phyu Lwin Soe) 지음

미얀마가 개방되면서 미얀마와 미얀마어에 관심을 갖는 사람들이 점점 많아지고 있습니다. 미얀마어는 한국어와 어순이 같고 문장구조도 같아 다른 언어에 비해 공부하기 쉬운 면이 있지만, 자음과 모음의 수가 많은데다가 성조까지 있어서 그리 쉽지만은 않은 것도 사실입니다.

이 책은 미얀마어를 조금이라도 더 쉽고 재미있게 공부할 수 있도록 도움을 주고자 쓰게 되었습니다. 대화는 현지인들이 실제 일상생활에서 자주 쓰는 말과 표현으로 구성하였고, 여기에 보다 탄탄한 기초를 쌓는 데 필요한 문법 설명을 다양한 예문과 함께 실었습니다.
한글로 발음 표기를 넣어 초보 학습자들이 문장을 읽는 데 어려움이 덜 하도록 하였으나, 미얀마어 발음을 한글로 정확하게 표기하는 데는 한계가 있으니, 정확한 발음은 꼭 MP3 파일을 듣고 확인하시기를 당부 드립니다.

앞서 말했듯 미얀마어는 한국어와 어순이 같아서 미얀마어를 배울 때에는 한국어와 어순을 비교하면서 배우는 것이 효율적입니다. 미얀마어는 문자가 복잡하고 어려우니만큼 이를 어떻게 공부할 것인가가 중요한데, 자음과 모음, 받침을 한꺼번에 몰아서 공부하는 것보다 기간을 정해서 조금씩 꾸준히 공부하시기를 권해 드립니다. 기초는 차근차근 한 단계씩 쌓아가는 것이 중요합니다.

이 책은 '하루 10분 말하기 습관'을 통해 표현과 문장이 통으로 자연스럽게 입에 배도록 하는 게 목표입니다. '하루 10분, 큰 소리로 말해 보세요' 부분의 MP3를 반복해서 듣고 따라 말하는 연습을 거르지 않기를 당부 드립니다.

끝으로 이 책을 만드는 데에 많은 도움과 지지를 주신 모든 분들에게 감사의 말씀을 전하고 싶습니다. 이 책이 미얀마어를 배우고자 하는 학습자들에게 도움이 되기를 바라며 한국과 미얀마 두 나라를 연결하는 데에 작게나마 보탬이 되기를 바랍니다.

지은이 **퓨퓨륀쏘**(Phyu Phyu Lwin Soe)

이 책의 활용법

● STEP 1 **미얀마어 문자와 발음**

미얀마어를 처음 공부하는 학습자는 미얀마어 문자와 발음을 먼저 학습하세요. MP3 파일을 듣고, 소리 내어 따라 읽고, 쓰고! 3박자 학습으로 미얀마어 문자를 정복해 보세요.

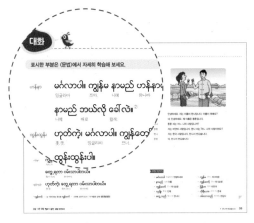

● STEP 2 **대화**

생활 밀착형 기초 대화문을 학습합니다. 단어를 하나하나 분석하기보다 표현과 발음 위주로 학습하시길 권장합니다. 초보 학습자들을 위해 한글로 발음을 표기하였으나, 정확한 발음은 꼭 MP3 파일을 듣고 확인하세요.

● STEP 3 **문법**

문장을 바르고 정확하게 말하기 위해 문법과 문장 구조 등을 학습합니다. 덮어놓고 외우기보다 알고 외우면 암기 효과는 쑥쑥! 말하기 실력은 레벨업!

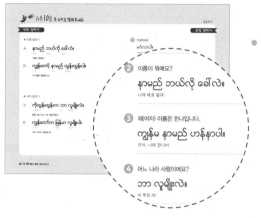

STEP 4 **하루 10분 큰 소리로 말해 보세요.**

MP3 파일을 들으며 핵심 대화문과 문장을 큰 소리로 따라 말하는 연습을 합니다. 하루 10분, 꾸준히! 문장 전체가 통으로 입에 밸 때까지 반복해서 듣고 따라 말해 보세요.

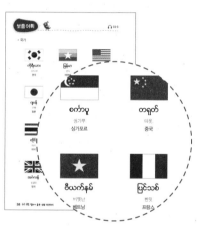

STEP 5 **보충 어휘**

대화문 주제와 연관된 어휘들을 보충합니다. 다양한 어휘를 사용하여 문장을 보다 풍부하게 활용하여 말해 보세요.

  MP3 다운로드 방법

본 교재의 MP3 파일은 www.eckbook.com에서 무료로 다운로드 받을 수 있습니다. QR 코드를 찍으면 다운로드 페이지로 이동합니다.

미얀마어 문자와 발음

1 자음(기본 자음) 🎧 00-1

자음	က	ခ	ဂ	ဃ	င
발음	까.	카.	가.	가.	응아.
명칭	까.지:	카.퀘이:	가.응애	가.지:	응아.

자음	စ	ဆ	ဇ	ဈ	ည
발음	싸.[ㅆ]	사.[ㅅ]	자.[z]	자.[z]	냐.
명칭	싸.론:	사.레인.	자.꿰:	자.민:쉐	냐.

자음	ဋ	ဌ	ဍ	ဎ	ဏ
발음	따.[ㄸ]	타.	다.	다.	나.
명칭	따.떼린:제잇.	타.원:베	다.인.가욱.	다.인.못.	나.지:

자음	တ	ထ	ဒ	ဓ	န
발음	따.[ㄸ]	타.	다.	다.	나.
명칭	따.원:부	타.신두.	다.두에:	다.아욱.차익.	나.응애

자음	ပ	ဖ	ဗ	ဘ	မ
발음	빠.	파.	바.	바.	마.
명칭	빠.사웃.	파.옷.톳.	바.텟.차잇.	바.곤:	마.

자음	ယ	ရ	လ	ဝ	သ
발음	야.	야.	라.	와.	따.[θ]
명칭	야.뻿.렛.	야.가욱.	라.	와.	따.

자음		ဟ	ဠ	အ
발음		하.	라.	아.
명칭		하.	라.지:	아.

미얀마어에는 33개의 자음이 있다. 자음의 발음은 명칭의 첫 글자를 따르며, 모든 자음은 1성조(짧은 소리)로 소리낸다. 33개의 자음은 아래와 같이 7개의 그룹으로 나눌 수 있다.

က 그룹 (월요일)	က ㅣ ခ ㅣ ဂ ㅣ ဃ ㅣ င
စ 그룹 (화요일)	စ ㅣ ဆ ㅣ ဇ ㅣ ၛ ㅣ ည
ယ 그룹 (수요일)	ယ ㅣ ရ ㅣ လ ㅣ ဝ
ပ 그룹 (목요일)	ပ ㅣ ဖ ㅣ ဗ ㅣ ဘ ㅣ မ
သ 그룹 (금요일)	သ ㅣ ဟ
တ 그룹 (토요일)	တ ㅣ ထ ㅣ ဒ ㅣ ဓ ㅣ န
အ 그룹 (일요일)	အ

* ၛㅣဍㅣၥㅣ ဎㅣ ဏ ㅣ ၛ 은 '빨리어'라는 글자로 불경에서만 많이 쓰인다.

미얀마에서는 자신이 태어난 시기를 '년도'로 나타내지 않고 '요일'로 나타내는 풍습이 있다. 즉, 한국은 용띠, 토끼띠, 원숭이띠 등 자신이 태어난 해의 '띠'로 말한다면, 미얀마 사람들은 월요일에 태어났다, 화요일에 태어났다 등 '요일'로 말한다.

위 7개의 자음 그룹은 각각 '월, 화, 수, 목, 금, 토, 일' 7개의 요일을 대표하는 그룹으로, 자기가 태어난 요일에 따라 해당 요일을 대표하는 그룹의 자음을 이름의 첫자에 넣는다. A라는 사람이 월요일에 태어났다면 이름 첫자는 ' က 그룹'에 속한 ကㅣ ခ ㅣ ဂ ㅣ ဃ ㅣ င 중 하나의 자음으로 시작한다는 것이다.

예를 들어, ကောင်းမွန် /까웅:문/이라는 이름을 보면, 이름의 첫 자음이 'က'로 시작되어, 이 사람은 월요일에 태어난 사람임을 알 수 있다. 요즘은 이 풍습을 따르지 않는 사람들도 생겨나고 있지만 대부분의 사람들은 이 풍습을 따른다. 저자의 이름 ဖြူဖြူ /퓨퓨/를 보면, 'ဖ'로 시작하여 목요일에 태어났음을 알 수 있다.

2 복합자음

🎧 00-2

자음 33개 중 'ဃ 야., ရ 야., ဝ 와., ဟ 하.' 4개의 자음은 각각 "ᆌ 야.뼨, ြ 야.인., ◦ 와.쇄:, ᆨ 하.토:'라는 4개의 기호로 변화되어 기본 자음들과 결합하는데, 이러한 자음을 '복합자음'이라고 한다. 이 4개의 기호는 자음과 결합할 때 각각 단독으로 결합하기도 하고, 2개 이상이 함께 결합하기도 한다.

자음	복합자음 기호
ဃ 야.	ᆌ 야.뼨.
ရ 야.	ြ 야.인.
ဝ 와.	◦ 와.쇄:
ဟ 하.	ᆨ 하.토:

* 기호의 '‑' 표시는 자음이 결합할 자리를 나타낸다.

다양한 복합자음의 형태를 살펴보자.

● 자음 + ᆌ 야.뼨.

자음	기호	복합자음	발음
က 까.	ᆌ	ကျ	짜.
ခ 카.	ᆌ	ချ	차.
ဂ 가.	ᆌ	ဂျ	자.
ပ 빠.	ᆌ	ပျ	빠.
ဖ 파.	ᆌ	ဖျ	퍄.
ဗ 바.	ᆌ	ဗျ	뱌.
မ 마.	ᆌ	မျ	먀.

● 자음 + ⃞ - 야.인.

자음	기호	복합자음	발음
က 까.	⃞	ကျ	짜.
ခ 카.	⃞	ချ	차.
ဂ 가.	⃞	ဂျ	자.
င 응아.	⃞	ငျ	냐.
ပ 빠.	⃞	ပျ	뺘.
ဖ 파.	⃞	ဖျ	퍄.
ဗ 바.	⃞	ဗျ	뱌.
မ 마.	⃞	မျ	먀.

● 자음 + ◌ွ 와.쇄:

자음	기호	복합자음	발음
က 까.	◌ွ	ကွ	꽈.
ဆ 사.	◌ွ	ဆွ	솨.
တ 따.	◌ွ	တွ	똬.
ဖ 파.	◌ွ	ဖွ	퐈.
မ 마.	◌ွ	မွ	뫄.
ရ 야.	◌ွ	ရွ	유아.
သ 따.	◌ွ	သွ	똬.
ဌ 타.	◌ွ	ဌွ	톼.

● 자음 + ⟋ 하.토:

자음	기호	복합자음	발음
ဎ 응아.	⟋	ၒ	흥아.
ၮ 냐.	⟋	ၮ	흐냐.
ၷ 나.	⟋	ၷ	흐나.
ဝ 마.	⟋	ၼ	흐마.
ဃ 야.	⟋	ၯ	샤.
ၡ 야.	⟋	ၡ	샤.
ၐ 라.	⟋	ၩ	흘라.
ၒ 와.	⟋	ၡ	화.

● 자음 + ၂ 야.삔.와.쇄: (-ㅣ + ⟋)

자음	기호	복합자음	발음
ၐ 까.	၂	ၛ	쫘.
ၕ 카.	၂	ၜ	촤.
ၐ 가.	၂	ၝ	좌.

● 자음 + ၂ 야.삔.하.토: (-ㅣ + ⟋)

자음	기호	복합자음	발음
ဝ 마.	၂	ၞ	흐먀.
ၐ 라.	၂	ၟ	샤.

자음 + ⬚ 야.인.와.쇄: (ဂ + ်)

자음	기호	복합자음	발음
စ 까.			짜.
ဆ 카.			촤.
ဎ 마.			뫄.

자음 + ⬚ 야.인.하.토: (ဂ + ်)

자음	기호	복합자음	발음
ဎ 마.			흐먀.

자음 + ် 와.쇄:하.토: (် + ်)

자음	기호	복합자음	발음
ည 냐.			흐뉴아.
န 나.			흐놔.
ဎ 마.			흐뫄.
ရ 야.			슈아.
လ 라.			흐롸.

자음 + ⬚ 야.인.와.쇄:하.토: (ဂ + ် + ်)

자음	기호	복합자음	발음
ဎ 마.			흐뫄.

3 모음과 성조

00-3

● 모음

모음	-ာ	-ါ	-ိ	-ီ
발음	아	아	이.	이
명칭	예이:차.	마욱.차.	론:지:띤	론:지:띤 산캇.
모음	-ု	-ူ	ေ-	-ဲ
발음	우.	우	에이	에
명칭	따차웅:인	흐네차웅:인	따웨이토:	나욱.뻿.
모음	-ံ	-ို	-း	-့
발음	앙	오	이:	이.
명칭	떼이:떼이:띤	론:찌:띤 따차웅:인	윗.사.나론:빠웃.	아웃.까.밋.

잠깐!

- '-' 표시는 자음이 결합할 자리를 나타낸다.
- 모음은 위의 모음이 단독으로 쓰이기도 하고, 2개 이상이 결합하여 쓰이기도 한다.
- -ာ 예이:차.와 -ါ 마욱.차.는 같은 발음이 나는 모음이다.
- -ါ 마욱.차.는 자음 'ခ 카., ဂ 가., င 응아., ဒ 다., ပ 빠., ဝ 와.'와만 결합한다.
- -း 윗.사.나론:빠웃.은 3성조를 대표하는 모음이다.
- -့ 아웃.까.밋.은 1성조를 대표하는 모음이다.

● 그룹별 모음 기호와 발음

미얀마어의 모음은 아래와 같이 8개의 그룹으로 나눌 수 있다. 그룹마다 3개의 성조로 구성되는데, 1성조는 단음, 2성조는 평음, 3성조는 고음이다. 1성조(단음)는 끝이 짧고 끝부분을 끊어주는 형식으로 발음한다. 2성조(평음)는 한국 사람들이 평상시에 말하는 톤 정도를 말하고, 3성조(고음)는 의문문의 끝을 올리는 정도의 소리를 말한다.

	1 성조	2 성조	3 성조
1 그룹	- 아.	-ၣ / -ၢ .아	-ၣး 아:
2 그룹	◌ 이.	◌ 이	◌း 이:
3 그룹	◌ 우.	◌ 우	◌း 우:
4 그룹	◌ 오.	◌ 오	◌း 오:
5 그룹	၆ - 에이.	၆ - 에이	၆ - း 에이:
6 그룹	◌ 에.	-ယ် 애	◌ 에:
7 그룹	၆ - ? 어.	၆ - ၃ 어	၆ - ၣ 어:
8 그룹	◌ 앙.	◌ 앙	- ၌း 앙:

* 1 그룹의 1 성조는 자음을 대표한다.
* 한글 발음 표기시 '.' 표시는 1성조, ':' 표시는 3성조를 의미한다.
* 6그룹 2성조 -ယ်와 8그룹 3성조 -၌은 모음이 아니고 받침이다. 해당 부분에 맞는 모음이 없어, 같은 발음이 나는 받침을 대신 넣었다. 받침은 뒤에서 다루기로 한다.

● 자음 အ 아.와 모음의 결합

	1 성조	2 성조	3 성조
1 그룹	အာ 아.	အာ် 아	အား 아:
2 그룹	အိ 이.	အိံ 이	အိး 이:
3 그룹	အု 우.	အု် 우	အုး 우:
4 그룹	အူ 오.	အူ် 오	အူး 오:
5 그룹	ေအာ 에이.	ေအာ် 에이	ေအား 에이:
6 그룹	အဲ 에.	အယ် 애	အဲ 에:
7 그룹	ေအာ် 어.	ေအာ် 어	ေအာ 어:
8 그룹	အံ 앙.	အံ 앙	အန်း 앙:

● 자음과 모음의 결합

1 성조	2 성조	3 성조
ဂ 가.	ဂါ 가	ဂါး 가:
ဆ 사.	ဆာ 사	ဆား 사:
ထိ 티.	ထီ 티	ထီး 티:
၃ 쑤.	၄ 쑤	၄း 쑤:
မေ့ 메이.	မေ 메이	မေး 메이:
၃ 뻬.	ပယ် 빼	၃ 뻬:
လော့ 러.	လော် 러	လော 러:
ကံ့ 깡.	ကံ 깡	ကန်း 깡:
၄ 포.	၄ 포	၄း 포:

● 복합자음과 모음의 결합

1 성조	2 성조	3 성조
ပွ 빠.	ပွါ 빠	ပွါး 빠:
ချိ 치.	ချီ 치	ချီး 치:
ကြူ 쭈.	ကြူ 쭈	ကြူး 쭈:
လွဲ့ 흘뤠.	လွယ် 흘뤠	လွဲ 흘뤠:
မြေ့ 몌.	မြယ် 몌	မြေ 몌:
ကျော့ 펴.	ကျော် 펴	ကျော 펴:
လျှံ့ 샨.	လျှိ 샨	လျှန်း 샨:
ပျို့ 뾰.	ပျို 뾰	ပျိုး 뾰:

🔊 다음 단어들을 읽어 보세요.　🎧 00-5

ကား

까:

자동차

ကျား

짜:

호랑이

နွား

놔:

소

ထီး

티:

우산

နာရီ

나이

시계

သော့

떠.

열쇠

မိသားစု

미.따:수.

가족

သိုး

또:

양

ကော်ဖီ

꺼피

커피

မြွေ

뭬이

뱀

ငွေ

응웨이

돈

ဖရဲသီး

파에:띠:

수박

4 받침   🎧 00-6

미얀마어의 받침은 아래 9개로 구성되어 있다.

● 1성조로만 발음하는 받침

받침	발음	명칭
ောက်	액.	까.땃.
စ်	잇.	싸.땃.
တ်	앗.	따.땃.
ပ်	앗.	빠.땃.

● 1~3 성조가 모두 있는 받침

받침	발음	명칭
င်	잉	응아.땃.
ည်	잉	냐.그레이:땃.
ည်	이	냐.땃.
န်	앙	나.땃.
မ်	앙	마.땃.

> **잠깐!**
> - တ် 따.땃. 과 ပ် 빠.땃. 은 같은 발음이 난다.
> - င် 응아.땃. 과 ည် 냐.그레이:땃. 은 같은 발음이 난다.
> - န် 나.땃. 과 မ် 마.땃. 은 같은 발음이 난다.

모든 자음은 받침과 결합할 수 있지만 모음은 결합할 수 있는 것이 한정돼 있다. 받침과 결합할 수 있는 모음은 ◌ 론:지:띤, ◌ 따차웅:인, ေ◌ာ 따웨이토:에이:차 , ◌ 론:지:띤 따차웅:인이 대표적이다.

다음은 자음 အ 아.에 모음과 받침이 결합한 형태이다.

받침＼모음	-	◌	◌	ေ-ာ	◌
က်	အက် 액.			‌ေအာက် 아욱.	အိက် 아익.
စ်	အစ် 잇.				
တ်	အတ် 앗.	အိတ် 에잇.	အုတ် 옷.		
ပ်	အပ် 앗.	အိပ် 에잇.	အုပ် 옷.		
င်	အင် 잉			‌ေအာင် 아웅	အိုင် 아이
ည်	အည် 잉				
ည	အည် 이				
န်	အန် 앙	အိန် 에이	အုန် 옹		
မ်	အမ် 앙.	အိမ် 에이	အုမ် 옹		

🔊 다음 발음을 연습해 보세요.　　　　　　　　🎧 00-7

● 1성조로만 발음하는 받침

-က်	ေ-ာက်	ုိက်	-စ်
ဆက် 색.	ေဆာက် 사욱.	ဆိုက် 사익.	ဆစ် 싯.
ခက် 캑.	ေခါက် 카욱.	ခိုက် 카익.	ခစ် 킷.
ကြက် 쩩.	ေကြာက် 짜욱.	ကြိုက် 짜익.	ကြစ် 찟.
ပျက် 뺙.	ေပျာက် 빠욱.	ပျိုက် 빠익.	ပျစ် 빳.

-တ် / -ပ်	ုိတ် / -ုိပ်	-ြတ် / -ြပ်
လတ် / လပ် 랏.	အိတ် / အိပ် 에잇.	ကုတ် / ကုပ် 꼿.
ကျတ် / ကျပ် 짯.	မြိတ် / မြိပ် 몌잇.	နှုတ် / နှုပ် 흐놋.
ပွတ် / ပွပ် 뿟.	တိတ် / တိပ် 떼잇.	ချတ် / ချပ် 촛.
လွတ် / လွပ် 흘럿.	စိတ် / စိပ် 쎄잇.	ပြတ် / ပြပ် 뿟.

● 1~3 성조가 모두 있는 받침

1성조	2성조	3성조
ကင့် 낑.	ကင် 낑	ကင်း 낑:
ပျင့် 삔.	ပျင် 삔	ပျင်း 삔:
သည့် 띠.	သည် 띠	သည်း 띠:
အိမ့် 에인.	အိမ် 에인	အိမ်း 에인:
အုန့် 옹.	အုန် 옹	အုန်း 옹:

다음 단어들을 읽어 보세요. 🎧 00-8

ဝက်

우액.
돼지

မျောက်

마욱.
원숭이

ပိုက်ဆံ

빠익.산
돈

ဗိုက်

바익.
배

အမှိုက်

아마익.
쓰레기

သွားတိုက်ဆေး

똬:다익.세이:
치약

သစ်သီး

떳.띠:
과일

စပျစ်သီး

스빗.띠:
포도

ဆင်

신
코끼리

မြင်း

민:
말

ဆန်

산
쌀

တိမ်

떼잉
구름

5 문장 구조 및 동사 활용

● 문장 구조

미얀마어는 한국어와 어순이 비슷하여, '주어 + 목적어 + 서술어' 순서로 말한다. 한국어와 마찬가지로 다양한 조사가 있어 의미와 역할에 따라 알맞은 조사를 붙인다. 미얀마어 문장은 부사(구)의 위치가 한국어와 같이 자유롭다. 예를 들어, '퓨퓨 씨가 어제 친구와 식당에서 점심을 먹었다'라는 문장은 '어제 퓨퓨 씨가 식당에서 친구와 점심을 먹었다', '퓨퓨 씨가 어제 점심을 친구와 식당에서 먹었다'와 같이 말할 수도 있다.

ကျွန်မက ဖြူဖြူပါ။ 제가 퓨퓨입니다.
쯔마.가.   퓨퓨바

ညီမလေးက ပန်းသီးကို စားတယ်။ 여동생이 사과를 먹습니다.
니마.레이:가.   빤:띠:고   싸:대

ငါတို့ မနက်ဖြန် ကျောင်းမှာ တွေ့ကြစို့။ 우리 내일 학교에서 보자.
응아도.   마넷.퍈   짜우:흐마   뛔이.자.소.

အမေ ဈေးကို သွားတယ်။ 엄마가 시장에 가요.
아메이   제이:고   따:대

စနေနေ့ မနက် ၁၀ နာရီမှာ တောင်သွားတက်မယ်။
사네이네이.   마넷.   세나이흐마   따우뛰:뗏.매
토요일 오전 10시에 등산 갑니다.

※ 미얀마어 조사

조사	뜻
က 가.	−이, −가
ကို 고	−를, −에(장소)
မှာ 흐마	−에서, −에(시간)

● 동사 활용

한국어 '가다'라는 동사가 '갑니다', '가요?', '갑시다', '가세요', '가고 싶어' 등과 같이 동사 어간에 다양한 어미를 붙여 형태가 변화하듯이 미얀마어 동사도 어간에 다양한 어미를 붙여 활용한다.

미얀마어의 동사는 원형이 -သည် 띠로 끝나는데, 이 သည်를 뺀 나머지 부분이 어간이 되고, 여기에 다양한 어미를 붙여 활용한다.

သွားသည် 똬:띠 '가다'와 စားသည် 싸:띠 '먹다' 동사의 활용을 연습해 보자.

① 긍정문 종결어미 : တယ် 대, ပြီ 비 (현재/과거 시제)

　　　　　　　　　　 မယ် 매 (미래 시제)

သွားသည် 똬:띠 →　　 သွားတယ် 똬:대　　　　가요

　　　　　　　　 သွားပြီ 똬:비　　　　　가고 있어요

　　　　　　　　 သွားမယ် 똬:매　　　　갈게요

② 부정문 종결어미 : ဘူး 부 (평서문, 청유문)

　　　　　　　　　 နဲ့ 넷. (명령문, 기도, 덕담, 바람)

* 부정문을 만들 때에는 어간 앞에 접미사 မ 마를 붙인다.

သွားသည် 똬:띠 →　 မသွားဘူး 마똬:부:　　　안 가요

　　　　　　　 မသွားနဲ့ 마똬:넷.　　　가지 마세요

စားသည် 싸:띠 →　 မစားဘူး 마싸:부:　　　안 먹어요

　　　　　　　 မစားနဲ့ 마싸:넷.　　　먹지 마세요

③ 의문문 종결어미 :　**လား** 라: (확인 의문문)

　　　　　　　　　　လဲ 레: (의문사 의문문)

သွားသည် 똬:띠　→　**သွားလား** 똬:라:?　　　가요?

　　　　　　　　　　သွားလဲ 똬:레:?　　　(언제, 어디 등) 가요?

စားသည် 싸:띠　→　**စားလား** 싸:라:?　　　먹어요?

　　　　　　　　　　စားလဲ 싸:레:?.　　　(언제, 무엇 등) 먹어요?

④ 선어말어미

선어말어미는 종결어미 앞에 오는 어미로, **ချင်** 친 '~고 싶다', **နေ** 네이 '~고 있다', **ဖူး** 푸: '~(으)ㄴ 적이 있다' 등이 있다.

သွားသည် 똬:띠　→　**သွားချင်တယ်** 똬:친대　가고 싶어요

　　　　　　　　　　သွားနေတယ် 똬:네이대　가고 있어요

　　　　　　　　　　သွားဖူးတယ် 똬:푸:대　가 본 적이 있어요

စားသည် 싸:띠　→　**စားချင်တယ်** 싸:친대　먹고 싶어요

　　　　　　　　　　စားနေတယ် 싸:네이대　먹고 있어요

　　　　　　　　　　စားဖူးတယ် 싸:푸:대　먹어 본 적이 있어요

정리하면, 미얀마어의 문장 구조는 한국어와 같이 '주어 + 목적어 + 서술어' 형식이며, 각 문장 성분은 문장 안에서 위치가 비교적 자유롭다. 문장 성분 중 '서술어' 부분이 제일 중요한데, 서술어는 '어간 + 선어말어미 + 종결어미' 순서로 구성된다.

1

만나서 반갑습니다.

တွေ့ရတာ ဝမ်းသာပါတယ်။

대화

01-1

표시한 부분은 〈문법〉에서 자세히 학습해 보세요.

ဟန်နာ　မင်္ဂလာပါ။ ကျွန်မ နာမည် ဟန်နာပါ။①
밍글라바 쯔마. 나메 한나바

နာမည် ဘယ်လို ခေါ်လဲ။②
나메 배로 컬레:

ထွန်းထွန်း　ဟုတ်ကဲ့၊ မင်္ဂလာပါ။ ကျွန်တော့်* နာမည်
훗.껫. 밍글라바 쯔너. 나메

ထွန်းထွန်းပါ။
툰:툰:바

ဟန်နာ　ကိုထွန်းထွန်းက ဘာလူမျိုးလဲ။③
꼬툰:툰:가. 바루묘:레:

ထွန်းထွန်း　ကျွန်တော်က④ မြန်မာ လူမျိုးပါ။ မဟန်နာက
쯔너가. 먄마 루묘:바 마. 마.한나가.

ဘာလူမျိုးလဲ။
바루묘:레:

ဟန်နာ　ကျွန်မက ကိုရီးယား လူမျိုးပါ။
쯔마.가. 꼬리:야: 루묘:바

တွေ့ရတာ ဝမ်းသာပါတယ်။
뛔이.야.다 완:따바대

ထွန်းထွန်း　ဟုတ်ကဲ့၊ တွေ့ရတာ ဝမ်းသာပါတယ်။
훗.껫. 뛔이.야.다 완:따바대

* ကျွန်တော့် 쯔너.는 '저의'라는 뜻으로 ကျွန်တော် 쯔너 (저)에 소유격 조사 '.'가 적용된 상태 8과 문법 참고

한나	안녕하세요. 저는 이름이 한나입니다. 이름이 뭐예요?
툰툰	네, 안녕하세요. 제 이름은 툰툰입니다.
한나	툰툰 씨는 어느 나라 사람입니까?
툰툰	저는 미얀마 사람입니다. 한나 씨는 어느 나라 사람이에요?
한나	저는 한국 사람입니다. 만나서 반갑습니다.
툰툰	네, 만나서 반갑습니다.

어휘 익히기

- မင်္ဂလာပါ 밍글라바 안녕하세요
- နာမည် 나메 이름
- ကျွန်တော် 쯔너 저 (남성)
- လူမျိုး 루묘: 민족
- တွေ့သည် 뛔이.띠 만나다

- ကျွန်မ 쯔마. 저 (여성)
- ကျွန်တော့် 쯔너 제 (남성)
- မြန်မာ 먄마 미얀마
- ကိုရီးယား 꼬리:야: 한국
- ဝမ်းသာသည် 완:따띠 반갑다

1 명사＋ပါ 바

ပါ는 '~이다/입니다'의 뜻으로, 명사 뒤에 붙여 사용한다. 주어의 이름, 직업, 국적 등을 말할 때 쓴다.

ကျွန်မက မြန်မာလူမျိုးပါ။
쯔마.가 먄마루묘:바

저는 미얀마 사람입니다.

ကျွန်တော်က ဆရာဝန်ပါ။
쯔너가. 사야원바

저는 의사입니다.

ဒါက ဖတ်စာအုပ်ပါ။
다가. 팟싸웃바

이것은 교과서입니다.

2 ဘယ်လို 배로 ＋동사＋လဲ 레:

ဘယ်လို는 '어떻게'라는 뜻의 의문사로, 동사 앞에 붙여 '수단'이나 '방법'을 물을 수 있다. လဲ는 의문사 의문문 종결어미이다.

နာမည် ဘယ်လို ခေါ်လဲ။
나메 배로 컬레:

이름이 어떻게 되세요?

ကျောင်းကို ဘယ်လို သွားလဲ။
짜우:고 배로 똬:레:

학교에 어떻게 가요?

ပန်ကာ ဘယ်လို ဖွင့်လဲ။
빤까 배로 퓐.레:

선풍기를 어떻게 켜요?

3 ဘာ 바 + 명사 + လဲ 레:

ဘာ는 '어떤', '무슨'이란 뜻의 의문사이다. '무슨 (명사)입니까?'라는 표현은 명사 앞에 ဘာ 바를 붙인다.

ဒီနေ့ ဘာနေ့လဲ။ 디네이. 바네이.레:	오늘 무슨 요일이에요?
ဒါက ဘာစာအုပ်လဲ။ 다가. 바싸옷.레:	이게 무슨 책이에요?
ဒါ ဘာဟင်းလဲ။ 다 바힝:레:	이건 무슨 요리예요?

4 명사 + က 가.

က는 '이/가'에 해당하는 주격 조사로, 명사 뒤에 붙여 사용한다. 일상 대화에서 생략 가능하다.

ဒါက ဘာလဲ။ 다가. 바레:	이것이 무엇입니까?
အဖေက ဆရာဝန်ပါ။ 아페이가. 사야원바	아버지가 의사입니다.
ဒီ အရောင်က လှတယ်။ 디 아야운가. 흘라대	이 색깔이 예뻐요.

하루 10분 큰 소리로 말해 보세요.

대화 말하기

● 이름 말하기

A: နာမည် ဘယ်လို ခေါ်လဲ။

나메 배로 컬레:

이름이 뭐예요?

B: ကျွန်တော့် နာမည် ထွန်းထွန်းပါ။

쯔너. 나메 툰:툰:바

제 이름은 툰툰입니다.

● 국적 말하기

A: ကိုထွန်းထွန်းက ဘာ လူမျိုးလဲ။

꼬 툰:툰:가. 바 루묘:레:

툰툰 씨는 어느 나라 사람이에요?

B: ကျွန်တော်က မြန်မာ လူမျိုးပါ။

쯔너가. 먀마. 루묘:바

저는 미얀마 사람입니다.

01-2

문장 말하기

1. 안녕하세요.

မင်္ဂလာပါ။

밍글라바

2. 이름이 뭐예요?

နာမည် ဘယ်လို ခေါ်လဲ။

나메 배로 컬레:

3. 제(여자) 이름은 한나입니다.

ကျွန်မ နာမည် ဟန်နာပါ။

쯔마. 나메 한나바

4. 어느 나라 사람이에요?

ဘာ လူမျိုးလဲ။

바 루묘:레:

5. 저는(여자) 한국 사람입니다.

ကျွန်မက ကိုရီးယား လူမျိုးပါ။

쯔마.가. 꼬리:야: 루묘:바

• 국가

ကိုရီးယား

꼬리:야:

한국

မြန်မာ

만마

미얀마

အမေရိကန်

아메리깐

미국

ဂျပန်

즈빤

일본

စင်္ကာပူ

씽가뿌

싱가포르

တရုတ်

따욱.

중국

ထိုင်း

타이:

태국

ဗီယက်နမ်

비옛난

베트남

ပြင်သစ်

삔띳

프랑스

အင်္ဂလန်

잉글란

영국

ဂျာမနီ

자마니

독일

သြစတြေးလျ

어쓰떼:리:야:

호주

툰툰 씨는 무슨 일을 하세요?

ကိုထွန်းထွန်းက ဘာအလုပ်လုပ်လဲ။

표시한 부분은 〈문법〉에서 자세히 학습해 보세요.

ထွန်းထွန်း မဟန်နာ၊ နေကောင်းလား။[1]
마.한나 　　　네이 까울라:

ဟန်နာ ဟုတ်ကဲ့၊ နေကောင်းတယ်။[2]
훗껫. 　　　네이까웅:대

ထွန်းထွန်း မတွေ့တာ ကြာပြီ။ ဒါနဲ့ မဟန်နာက
마뛔이.다 　　짜비 　다넷. 마.한나가.

ကျောင်းသူလား။
짜우:뚤라:

ဟန်နာ ဟုတ်ကဲ့၊ ကျွန်မက ကျောင်းသူပါ။
훗껫. 　　　쯔마가. 　　짜우:뚜바

မြန်မာစာကို[3] လေ့လာနေတယ်။
먄먀사고 　　　　레이.라네이대

ကိုထွန်းထွန်းက ဘာအလုပ်လုပ်လဲ။
꼬툰:툰:가. 　　　　바아롯.롯.레:

ထွန်းထွန်း ကျွန်တော်လည်း[4] ကျောင်းသားပါ။
쯔너레: 　　　　짜우:따:바

အင်္ဂလိပ်စာကို လေ့လာနေပါတယ်။
잉:그레익.싸고 　　　레이.라네이바대

툰툰	한나 씨. 잘 지내요?
한나	네, 잘 지내요.
툰툰	오랜만입니다. 그나저나 한나 씨는 학생이에요?
한나	네, 저는 학생이에요. 미얀마어를 공부하고 있어요.
	툰툰 씨는 무슨 일을 하세요?
툰툰	저도 학생이에요. 영어를 공부하고 있어요.

문법

---

1 **동사+လား** 라:

လား는 '네/아니오'로 답하는 의문사가 없는 의문문의 종결어미이다. 시제에 상관없이 사용 가능하다.

ဒီ အက်ဂျီ လှလား။
디 인:지　흘라라:

이 옷이 예뻐요?

အုန်းနဲ့ခေါက်ဆွဲ အရသာရှိလား။
온:노.　카웃.쇄　아야.따 시.라:

코코넛 누들이 맛있어요?

မောင်လေးက ကျောင်းသားလား။
마우레이:가.　짜우:따:라:

남동생이 학생이에요?

---

2 **동사+တယ်** 대

တယ်는 평서문 종결어미로, 동사 원형의 '~다'에 해당하는 သည် 띠를 떼고 တယ်를 붙인다. 시제의 구분 없이, 현재와 과거 모두 같은 형태로 사용한다.

ဒီနေ့ ရာသီဥတု သာယာတယ်။
디네이.　야띠우.두.　따야대

오늘 날씨가 좋아요.

မောင်လေးက ကျောင်းကို သွားတယ်။
마우레이:가.　짜우:고　똬:대

동생이 학교에 가요.

ကျွန်မက အမွေကို ချစ်တယ်။
쯔마.가.　아메이.고　칫.대

저는 엄마를 사랑해요.

---

3 | 명사 + ကို 고

ကို는 '을/를'에 해당하는 목적격 조사로, 명사 뒤에 붙여서 사용한다. 일상 대화에서 생략 가능하다.

ငါ နင့်ကို ချစ်တယ်။
응아닌.고　 첫.대

나 너를 사랑해.

ကျွန်မ ပန်းသီးကို ကြိုက်တယ်။
쯔마.　　 빤:띠:고　　 짜익대

저는 사과를 좋아합니다.

ကိုရီးယား အစားအစာကို ကြိုက်လား။
꼬리:야:　 애싸:애싸고　　 짜익라:

한국 음식을 좋아합니까?

4 | 명사 + လည်း 레:

လည်း는 '~도'라는 뜻으로, 명사 뒤에 붙여 사용한다.

ကျွန်တော်လည်း ဆရာဝန်ပါ။
쯔너레:　　　 사야원바

저(남자)도 의사입니다.

ကျွန်တော်လည်း ကိုရီးယားလူမျိုးပါ။
쯔너레:　　　 꼬리:야:　 루묘:바

저(남자)도 한국 사람입니다.

ညီမလေးလည်း ဂင်ချိကို ကြိုက်တယ်။
니마.레이:레:　 김치고　 짜익.대

여동생도 김치를 좋아합니다.

대화 말하기

● 직업 말하기 (1)

A: မဟန်နာက ကျောင်းသူလား။
마.한나가.   짜우:뚜라:

한나 씨는 학생이에요?

B: ဟုတ်ကဲ့၊ ကျွန်မက ကျောင်းသူပါ။
홋.껫.   쯔마.가.   짜우:뚜바

네, 저는 학생입니다.

● 직업 말하기 (2)

A: ကိုထွန်းထွန်းက ဘာအလုပ်လုပ်လဲ။
꼬툰:툰:가.   바아룻.룻.레:

툰툰 씨는 무슨 일을 하세요?

B: ကျွန်တော်လည်း ကျောင်းသားပါ။
쯔너레: 짜우:따:바

저도 학생입니다.

02-2

문장 말하기

1 잘 지내요?

နေကောင်းလား။

네이 까울라:

2 잘 지내요.

နေကောင်းတယ်။

네이까웅:대

3 오랜만이에요.

မတွေ့တာ ကြာပြီ။

마뛔이.다 쨔비

4 툰툰 씨는 무슨 일을 하세요?

ကိုထွန်းထွန်းက ဘာအလုပ်လုပ်လဲ။

꼬툰:툰:가. 바아롯.롯.레:

5 저는(남자) 학생입니다.

ကျွန်တော်က ကျောင်းသားပါ။

쯔너가. 짜우:따:바

• 직업

ဆရာ

사야

선생님

ဆရာဝန်

사야원

의사

ကျောင်းသား

짜우:따:

학생

အဆိုတော်

아소더

가수

သတင်းထောက်

따딘:타웃.

기자

ရဲ

예

경찰

ရှေ့နေ

셰이.네이.

변호사

စားဖိုမှူး

싸포흐무:

요리사

ဝန်ထမ်း

원탄:

직원

3

가족이 몇 명이에요?

မိသားစု ဘယ်နှယောက် ရှိလဲ။

학습내용

· 가족 수 말하기
· 사는 곳 말하기

표시한 부분은 〈문법〉에서 자세히 학습해 보세요.

မင်းဆွ	မဖြူဖြူ၊ မိသားစု ဘယ်နှယောက် ရှိလဲ။①
	마.퓨퓨 미.따:수 배네야욱 시.레:

ဖြူဖြူ	၅ယောက် ရှိတယ်။ အဖေ၊ အမေ၊ အစ်ကို၊
	응아:야욱 씨.대 아페이 아메이 아꼬

	ညီမလေးနဲ့② ကျွန်မပါ။
	니마.레이:넷. 쯔마.바

မင်းဆွ	အစ်ကိုက ကျောင်းသားလား။
	아꼬가. 짜우:따:라:

ဖြူဖြူ	ဟင့်အင်း၊ အစ်ကိုက ကျောင်းသား
	힝.잉: 아꼬가. 짜우:따:

	မဟုတ်ဘူး③။ ဆရာဝန်ပါ။
	마훗.부: 사야원바

မင်းဆွ	မိသားစုတွေ ဘယ်မှာ နေကြလဲ။
	미.따:수뒈이 배흐마 네이자.레

ဖြူဖြူ	အားလုံး ရန်ကုန်မှာ နေကြ④တယ်။
	아:론: 양곤흐마 네이자.대

민수	퓨퓨 씨, 가족이 몇 명이에요?
퓨퓨	5명 있어요. 아버지, 어머니, 오빠, 여동생하고 저예요.
민수	오빠가 학생이에요?
퓨퓨	아니요, 오빠는 학생이 아니에요. 의사예요.
민수	가족들은 어디에서 살아요?
퓨퓨	다들 양곤에 살아요.

어휘 익히기

- မိသားစု 미.따:수. 가족
- အမေ 아메이 어머니
- ညီမလေး 니.마.레이: 여동생
- ဆရာဝန် 사야원 의사
- အားလုံး 아:론: 다

- အဖေ 아페이 아버지
- အစ်ကို 아꼬 오빠
- ဟင့်အင်း 힝.잉: 아니오
- နေသည် 네이띠 살다
- ရန်ကုန် 양곤 양곤

1 ဘယ်နှ 배네 + 명사 + လဲ 레:

ဘယ်နှ는 '몇'에 해당하는 의문사이다. '수(개수)'를 물어볼 때 명사 앞에 붙여 사용한다.

ဧည့်သည် ဘယ်နှယောက် လာမှာလဲ။
엣.떼　　　　　배네 야욱.　　　　　라흐마레:

손님이 몇 명 올 거예요?

ဖရဲသီး ဘယ်နှလုံး ယူမှာလဲ။
파예띠:　　　배네 론:　　　유흐마레:

수박을 몇 개 살 거예요?

ရုံး ဘယ်နှရက် ပိတ်လဲ။
욘:　　배네 옛.　　　　빠잇.레:

회사가 며칠 쉬어요?

2 명사 + နှင့် 넷.

နှင့်는 '와/과', '랑'의 뜻으로, 명사와 명사를 연결해주는 조사이다.

မနက်က ကော်ဖီနှင့်၊ မုန့် စားလာတယ်။
마넷.가.　　　꺼피넷.　　　못.　　싸:라대
아침에 커피랑 과자를 먹고 왔어요.

ကျွန်မက အင်္ဂလိပ်စာနှင့်၊ သင်္ချာကို စိတ်ဝင်စားတယ်။
쯔마.가.　　　잉그레이.싸넷.　　　띤차고　　　세잇.윈싸:대
저는 영어하고 수학을 좋아해요.

ကျွန်တော်က အဖေနှင့်၊ အမေကို အရမ်း ချစ်တယ်။
쯔너가.　　　아페이넷.　　　아메고　　　아얀:　　칫대
저는 아버지와 어머니를 너무 사랑해요.

3 မ 마 **+ 동사 +** ဘူး 부:

부정 표현은 동사 앞에 မ, 동사 뒤에 ဘူး를 붙여 나타낸다.

ကျွန်မ အနက်ရောင်ကို မကြိုက်ဘူး။
쯔마.   아낙.야우고   마짜익부:

저는 검은색을 안 좋아해요.

ကျွန်တော် သူမကို မချစ်ဘူး။
쯔너   뚜마.고   마칫.부:

저는 그녀를 사랑하지 않아요.

မောင်လေးက ဝက်သား မစားဘူး။
마우레이:가.   윗.따: 마싸:부:

동생은 돼지고기를 안 먹어요.

4 **동사 +** ကြ 자.

주어가 여럿(복수)일 때, 동사가 복수의 주어에 의한 행동임을 나타내기 위해 동사 뒤에 ကြ를 붙인다.

ကျောင်းသားတွေ စာကျက်နေကြတယ်။
짜우:따:줴이   싸쩻네이자.대

학생들이 공부(들) 하고 있어요.

ကလေးတွေ ကစားနေကြတယ်။
까레이:줴이   까사:네이자.대

애들이 놀고(들) 있어요.

ငှက်တွေ တေးဆိုကြတယ်။
응앳줴이   떼이:소자.대

새들이 노래(들) 합니다.

대화 말하기

● 가족 수 말하기

A: မိသားစု ဘယ်နှယောက် ရှိလဲ။

미.따:수.　　　배네야욱　　　시.레:

가족이 몇 명이에요?

B: ၅ယောက် ရှိတယ်။

응아:야욱.　　　시.대

5명 있어요.

● 사는 곳 말하기

A: မိသားစုတွေ ဘယ်မှာ နေကြလဲ။

미.따:수풰이　　　배흐마　　　네이자.레:

가족들은 어디에서 살아요?

B: အားလုံး ရန်ကုန်မှာ နေကြတယ်။

아:론:　　　양곤흐마　　　네이자.대

다들 양곤에 살아요.

1 가족이 몇 명이에요?

မိသားစု ဘယ်နှယောက် ရှိလဲ။

미.싸:수 배네야욱 시.레:

---

2 5명 있어요.

၅ယောက် ရှိတယ်။

응아:야욱 씨.대

---

3 아빠, 엄마, 오빠, 여동생과 저예요.

အဖေ၊ အမေ၊ အစ်ကို၊ ညီမလေးနဲ့ ကျွန်မပါ။

아페이 아메이 아꼬 니마.레이:넷. 쯔마.바

---

4 가족들은 어디에서 살아요?

မိသားစုတွေ ဘယ်မှာ နေကြလဲ။

미.따:수뒈이 배흐마 네이자.레:

---

5 다들 양곤에 살아요.

အားလုံး ရန်ကုန်မှာ နေကြတယ်။

아:론: 양곤흐마 네이자.대

• 가족

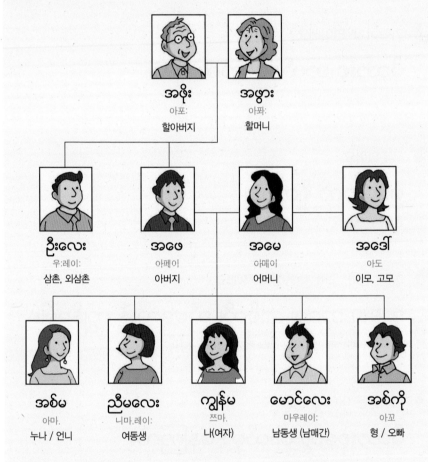

အဖိုး 아포: 할아버지	အဖွား 아퐈: 할머니

ဦးလေး 우:레이: 삼촌, 외삼촌	အဖေ 아페이 아버지	အမေ 아메어 어머니	အဒေါ် 아도 이모, 고모

အစ်မ 아마. 누나 / 언니	ညီမလေး 니마.레이: 여동생	ကျွန်မ 쯔마. 나(여자)	မောင်လေး 마우레이: 남동생 (남매간)	အစ်ကို 아꼬 형 / 오빠

* 형제간일 때 '남동생'은 ညီလေး 니레이:라고 하며, '여동생'은 자매간이나 남매간이나 구분이 없다.

• 숫자 (1)

၁ 띳. 1	၂ 닛. 2	၃ 똔: 3	၄ 레이: 4	၅ 응아: 5
၆ 차웃. 6	၇ 크닛. 7	၈ 싯. 8	၉ 꼬: 9	၁၀ 따세 10

4

나이가 어떻게 되세요?

အသက် ဘယ်လောက် ရှိပြီလဲ။

학습내용

- 나이 말하기

표시한 부분은 〈문법〉에서 자세히 학습해 보세요.

ထွန်းထွန်း မဟာန်နာ ဘာလုပ်နေ①လဲ။
마.한나   바롯.네이레:

ဟန်နာ အမွေကို သတိရလို့ စာရေးနေတယ်။
아메이.고   따디.야.로.   싸예이:네이대

ထွန်းထွန်း မဟာန်နာမှာ② မောင်နှမ ဘယ်နှယောက် ရှိလဲ။
마.한나흐마   마우네마.   배네야욱   시.레:

ဟန်နာ ကျွန်မက တစ်ဦးတည်းသော သမီးပါ။ ဒါကြောင့်
쯔마.가.   따우:데:떠   따미:바.   다자웃

မိဘတွေ③က ကျွန်မကို အရမ်း ချစ်ကြတယ်။
미.바.붸이가.   쯔마고   아얀: 칫.짜.대

ထွန်းထွန်း မိဘတွေ အသက်ကြီးပြီလား။
미.바.붸이   아빽찌:비라:

ဟန်နာ အဖေက အသက် ၅၆ နှစ် အမေကတော့④
아페이가.   아빽   응아:세 차웃.닛. 아메이가.더.

၅၀ ပါ။
응아:세바

ထွန်းထွန်း မဟာန်နာကရော အသက် ဘယ်လောက် ရှိပြီလဲ။
마.한나가여: 아빽   배라욱   시.비레:

ဟန်နာ ကျွန်မက ၂၆ နှစ်ပါ။
쯔마.가.   네셋.차웃.닛바

툰툰	한나 씨, 뭐 하고 있어요?
한나	엄마가 보고 싶어서 편지를 쓰고 있어요.
툰툰	한나 씨는 형제가 몇 명 있어요?
한나	전 외동딸이에요. 그래서 부모님들은 저를 많이 사랑하세요.
툰툰	부모님들은 연세가 많으세요?
한나	아빠는 56세, 엄마는 50세입니다.
툰툰	한나 씨는 나이가 어떻게 돼요?
한나	저는 26살입니다.

- လုပ်သည် 롯.띠 하다
- စာရေးသည် 싸예이:띠 (글을) 쓰다
- ဒါကြောင့် 다자웃. 그래서
- အသက် 아땍 나이
- နှစ် 닛. ~ 살

- သတိရသည် 따디.야.띠 보고 싶다
- တစ်ဦးတည်းသော သမီး 따우:데:떠 따미: 외동딸
- အရမ်း 아얀: 아주
- အသက်ကြီးသည် 아땍찌:띠 나이가 많다

1 동사＋ᥒေ 네이

ᥒေ는 '~하고 있다'는 현재진행시제를 나타내는 말로, 동사 뒤, 어말어미 앞에 붙인다.

ညီလေးက ထမင်းကို စားနေတယ်။

니레이:가.　　 타민:고　　 싸:네이대

동생이 밥을 먹고 있어요.

အဖေက သတင်းစာကို ဖတ်နေတယ်။

아페이가.　　 따딘:사고　　 팟네이대

아버지는 신문을 보고 있어요.

ကျွန်မ အင်္ဂလိပ်စာကို လေ့လာနေတယ်။

쯔마.　　 잉:그레익.싸고　　 레이.라네이대

저는 영어를 배우고 있어요.

2 명사＋မှာ 흐마

'A에게/한테 B가 있다/없다'라고 말할 때, 소유의 주체인 A 뒤에 မှာ를 붙인다. '있다'라는 뜻의 ရှိတယ် 시.대, '없다'라는 뜻의 မရှိဘူး 마시.부와 같이 쓰인다.

ကျွန်မမှာ ပိုက်ဆံ မရှိဘူး။

쯔마.흐마　　 빠익산　　 마시.부:

저한테 돈이 없어요.

သီတာမှာ ကွန်ပျူတာ ရှိတယ်။

띠다흐마　　 꾼쀼따　　 시.대

띠다한테 컴퓨터가 있어요.

နင့်မှာ ရည်းစား ရှိလား။

닌.흐마　　 이:사:　　 시.라:

너한테 애인이 있니?

3 명사 + တွေ 뒈이

명사의 복수형은 단어 끝에 တွေ를 붙인다.

မိဘတွေက သားသမီးတွေကို ချစ်တယ်။
마.바.뒈이가.　　따:따미:뒈이고　　칫.대

부모들은 자녀들을 사랑합니다.

ကလေးတွေ စာကြည့်နေကြတယ်။
케레이:뒈이　　사쩻.네이자.대.

아이들이 공부하고 있어요.

လူတွေ ဝိုင်းကြည့်နေကြတယ်။
루뒈이　　와인:찌.네이자.대

사람들이 보고 있어요.

4 주어 + တော့ 더.

တော့는 '은/는'에 해당하는 조사로, 어떤 진술의 주체 또는 대상을 나타내거나 강조할 때 사용한다.

အမေကတော့ ရှေ့နေပါ။
아메이가.더.　　셰이.네이바

엄마는 변호사입니다.

ပန်းသီးတော့ ကြိုက်တယ်။
빤:띠:더.　　짜익.대

사과는 좋아해요.

ကိုရီးယား စကားတော့ ပြောတတ်တယ်။
꼬리:야:　　사가:더.　　뻐땃.대

한국말은 할 줄 알아요.

대화 말하기

● 나이 말하기 (1)

A: မဟန်နာကရော အသက်
마.한나가.여: 아땍

ဘယ်လောက် ရှိပြီလဲ။
배라욱   시.비레:

한나 씨는 나이가 어떻게 되세요?

B: ကျွန်မက ၂၆ နှစ်ပါ။
쯔마.가.   네셋.차웃.닛바

저는 26살입니다.

● 나이 말하기 (2)

A: မိဘတွေ အသက် ကြီးပြီလား။
미.바.뒈이   아땍   찌:비라:

부모님은 연세가 많으세요?

B: အဖေက အသက် ၅၆နှစ် အမေကတော့
아페이가더.   아땍   응아:세차웃닛. 아메이가더.

၅၀ပါ။
응아:세바

아빠는 56, 엄마는 50입니다.

1 형제가 몇 명 있어요?

မောင်နှမ ဘယ်နှယောက် ရှိလဲ။

마우네마. 배네야욱 시.레:

---

2 저는 외동딸이에요.

ကျွန်မက တစ်ဦးတည်းသော သမီးပါ။

쯔마.가. 따우:데:떠 따미:바

---

3 부모님은 연세가 많으세요?

မိဘတွေ အသက်ကြီးပြီလား။

미바.붸이 아딱 찌:비라:

---

4 몇 살이에요?

အသက် ဘယ်လောက် ရှိပြီလဲ။

아딱 배라욱 시.비레:

---

5 저는 26살입니다.

ကျွန်မက ၂၆နှစ်ပါ။

쯔마.가. 네세.차웃.닛.바

• 숫자 (2)

၁၁ 셋.띳. 11	၁၂ 셋.닛. 12	၁၃ 셋.똔: 13
၁၄ 셋.레이: 14	၁၅ 셋.응아: 15	၁၆ 셋.차웃. 16
၁၇ 셋.쿤 17	၁၈ 셋.싯. 18	၁၉ 셋.꼬: 19
၂၀ 네세 20	၃၀ 똔:세 30	၄၀ 레이:세 40
၅၀ 응아:세 50	၆၀ 차웃.세 60	၇၀ 크네세 70
၈၀ 싯.세 80	၉၀ 꼬:세 90	၁၀၀ 따야 100

• 수를 세는 단위

ယောက် 야욱	명
ကောင် 까우	마리
ချောင်း 차우:	개 (볼펜이나 연필, 우산 등 긴 물건)
ချပ် 찻	개 (종이나 접시 등 납작한 물건)
လုံး 론:	개 (동그란 물건이나 전자기계)
ထည် 태	벌 (옷)
ရံ 양	쌍 (신발)
ကွင်း 권:	개 (팔찌나 반지)
စီး 시:	대 (차나 기차 등)

5

지금 몇 시예요?

အခု ဘယ်နှာနာရီရှိလဲ။

학습내용

· 시간 말하기

표시한 부분은 〈문법〉에서 자세히 학습해 보세요.

민수 မင်းဆူ **အခု ဘယ်နှနာရီလဲ။**

민:수 아쿠. 배네나이레:

민수 **၈ နာရီ① ခွဲပါ။**

싯. 나이 퀘:바

아메레이 **အမလေး၊ ကျောင်း နောက်ကျပြီ။②**

아메레이: 짜우: 나욱.짜비

민수 **အတန်းက ဘယ်နှနာရီလဲ။**

아딴:가. 배네나이레:

아메레이 **အတန်းက ၉နာရီပါ။**

아딴:가. 꼬:나이바

민수 **မနက်စာ စားပြီးပြီ③ လား။**

마낙.싸 싸:삐:비라:

아메레이 **ဟင့်အင်း၊ မစားရသေးဘူး။④**

힝.잉: 마싸:야.떼이:부:

민수 **ဒါဆို ကော်ဖီ သောက်သွားပါ။**

다소 꺼피 따욱.똬:바

아메레이 **ကျေးဇူးတင်ပါတယ်။**

쩨이:주:띤바대

퓨퓨	민수 씨, 지금 몇 시예요?
민수	8시 반입니다.
퓨퓨	아이고, 학교에 늦었네요.
민수	수업이 몇 시예요?
퓨퓨	수업은 9시예요.
민수	아침 먹었어요?
퓨퓨	아니요, 아직 못 먹었어요.
민수	그럼, 커피 마시고 가세요.
퓨퓨	고맙습니다.

어휘 익히기

- **နာရီ** 나이 시간
- **အမယ်လေး** 아메레이: 아이고, 맙소사 (감탄사)
- **နောက်ကျသည်** 나욱.짜.띠 늦다
- **ဘယ်အချိန်** 베아체인 언제
- **စားသည်** 싸:띠 먹다
- **သောက်သည်** 따욱.띠 마시다

- **ခွဲ** 퀘: 반
- **ကျောင်း** 짜우: 학교
- **အတန်း** 아딴: 수업
- **မနက်စာ** 마낵.싸 아침 식사
- **ကော်ဖီ** 꺼피 커피

문법

1 ~ နာရီ 나이 ~ မိနစ် 미닛. ~ စက္ကန့် 셋.깐.

'○시 ○분 ○초'는 각각 '○နာရီ ○မိနစ် ○စက္ကန့်'이라고 한다. 숫자 뒤에 각 단위를 붙여 말하는데, '분'의 မိနစ်은 숫자 앞이나 뒤에 모두 올 수 있다. 예를 들어, '20분'은 မိနစ် ၂၀ 미닛. 네세 또는 ၂၀ မိနစ် 네세 미닛. 둘 다 가능하다. '30분'을 의미하는 '반'이란 표현은 ခွဲ 퀘:이다.

ညနေ ၆ နာရီမှာ ရုံးဆင်းတယ်။　　　　　오후 6시에 퇴근해요.
냐.네이　차욱.나이마　　욘:신:대

အခု ၃နာရီ ၁၀မိနစ် ရှိပြီ။　　　　　　지금 3시 10분입니다.
아쿠.　똔:나이　세미닛.　시.비

ညနေ ၇ နာရီခွဲလောက် တွေ့ရအောင်။　　오후 7시 반쯤 보자.
냐.네이　　크네나이퀘:라욱.　　뛔이.야.아웅

2 동사 + ပြီ 비

ပြီ는 '미리', '이미'라는 뜻이 내포된 말로, 그 동작이 막 일어났거나 또는 과거의 동작이 현재까지 이어지고 있음을 나타내는 종결어미이다.

ရထား ဆိုက်ပြီ။　　　　　기차가 왔어요.
야타:　　사익.비

ဘတ်စ်ကား လာပြီ။　　　　버스가 왔어요.
바스까:　　　라비

မိုးရွာပြီ။ အကျႌ တွေ ရုတ်လိုက်။　비가 와. 옷들 걷어.
모:유와비.　인:지뒈이　　욱라잇.

3 동사 + ပြီး/ပြီ 삐:비

'끝나다'라는 뜻의 ပြီး 삐:를 ပြီ 비 앞에 붙이면, 하고 있는 일 또는 발생한 사건이 이미 (완전히) 완료되었음을 나타낸다.

ထမင်း စားပြီးပြီ။ 타민: 싸:삐:비	밥 먹었어요.
အိမ်စာ လုပ်ပြီးပြီ။ 에인사 롯삐:비	숙제했어요.
ဘွဲ့ ရပြီးပြီလား။ 붸. 야.삐:비라:	졸업했어요?

4 မ 마. + 동사 + ရသေးဘူး 야.떼이:부:

'아직 ~ 못 하다'라는 표현은 부정 표현 'မ + 동사 + ဘူး'에서 ဘူး 앞에 '아직 못' 의 의미를 더하는 ရသေး 야.떼이:를 붙여 말한다. 보통, '아직'이란 의미의 부사 အခုထိ 아쿠.티.와 함께 쓰인다.

အခုထိ အလုပ် မလုပ်ရသေးဘူး။ 아쿠.티. 아롯. 마롯.야.떼이:부:	아직 일을 못 했어요.
အခုထိ စာ မကျက်ရသေးဘူး။ 아쿠.티. 싸 마짹.야.떼이:부:	아직 공부를 못 했어요.
အခုထိ ထမင်း မစားရသေးဘူး။ 아쿠.티. 타민: 마싸:야.떼이:부:	아직 밥을 못 먹었어요.

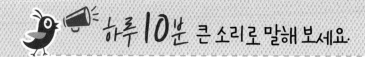
대화 말하기

● 시간 말하기 (1)

A: အခု ဘယ်နှနာရီလဲ။

아쿠.　　배네나이레:

지금 몇 시예요?

B: ၈ နာရီခွဲပြီ။

싯.나이퀘:비

8시 반이에요.

● 시간 말하기 (2)

A: အတန်းက ဘယ်နှနာရီလဲ။

아딴:가.　　　　배네나이레:

수업이 몇 시예요?

B: အတန်းက ၉နာရီပါ။

아딴:가.　　　꼬:나이바:

수업은 9시예요.

1 지금 몇 시입니까?

အခု ဘယ်နနာရီလဲ။

아쿠. 배네나이레:

---

2 8시 반입니다.

၈ နာရီခွဲပါ။

싯.나이퀘:바

---

3 학교에 늦었어요.

ကျောင်း နောက်ကျပြီ။

짜우: 나욱.짜비

---

4 수업은 몇 시입니까?

အတန်းက ဘယ်နနာရီလဲ။

아딴:가. 배네나이레:

---

5 수업은 9시입니다.

အတန်းက ၉နာရီပါ။

아딴:가. 꼬:나이바

• 일상 (1)

အိပ်ယာထသည်

에잇.야타.띠

일어나다

ထမင်း စားသည်

타민:싸:띠

밥을 먹다

ရုံးသွားသည်

욘:똬:띠

출근하다

အလုပ်လုပ်သည်

아롯.롯.띠

일하다

ရုံးဆင်းသည်

욘:신:띠

퇴근하다

အားကစား လုပ်သည်

아:까사:롯.띠

운동하다

ဟင်းချက်သည်

힝:책.띠

요리하다

ရေချိုးသည်

예이쵸:띠

샤워하다

အိပ်ယာဝင်သည်

에잇.야윈띠

잠자리에 들다

• 하루

မနက် 마넷. 아침, 오전

နေ့လည် 네이.레 낮, 오후

ညနေ 냐.네이 저녁

ည 냐. 밤

မိုးသောက် 모:따욱. 새벽

6

오늘 무슨 요일이에요?

ဒီနေ့ ဘာနေ့လဲ။

표시한 부분은 〈문법〉에서 자세히 학습해 보세요.

ဟန်နာ　　ထွန်းထွန်း ဒီနေ့ ဘာနေ့လဲ။

튠:튠:　　디네이.　바네이.레:

ထွန်းထွန်း　ကြာသပတေးနေ့ပါ။

짜따바데이:네이.바

ဟန်နာ　　ကျွန်မတို့ စာမေးပွဲ ဘယ်နေ့လဲ။

쯔마.도.　　싸메이:붸:　　배네이.레:

ထွန်းထွန်း　နောက်① အပတ် ဗုဒ္ဓဟူးနေ့ပါ။

나욱.아빳　　　봇.다후:네이.바

ဟန်နာ　　ပိတ်ရက်မှာ ကျွန်မတို့ စာ အတူတူ

빼잇.엑.흐마　　쯔마.도.　　싸　　아뚜두

ကျက်ကြမလား။②

쩻.자.마라:

ထွန်းထွန်း　ကောင်းတယ်။ လာမယ့် စနေ တနင်္ဂနွေမှာ

까우:대　　　　라멧　　　사네이　　따닌:그눼이흐마

စာ အတူတူ ကျက်ရအောင်။③

싸　아뚜두　　쩻.야.아웅

ဟန်နာ　　ဟုတ်ကဲ့၊ စာကျက်ပြီး④ အားရင်

홋.껫.　　싸쩻.삐:　　　아:인

ညနေစာလည်း အတူတူ စားရအောင်။

냐.네이사레:　　　　아뚜두　　싸:야.아웅

한나	툰툰 씨, 오늘 무슨 요일이에요?
툰툰	목요일이에요.
한나	우리 시험이 언제죠?
툰툰	다음 주 수요일이에요.
한나	우리 주말에 같이 공부할까요?
툰툰	좋아요. 이번 토요일, 일요일에 같이 공부합시다.
한나	네, 공부하고 시간 나면 저녁도 같이 먹읍시다.

어휘 익히기

- ဒီနေ့. 디네이. 오늘
- ကျွန်မတို့. 쯔마.도. 우리 (여자가 하는 말)
- နောက်အပတ် 나욱.아빳. 다음 주
- ပိတ်ရက် 삐잇.엑. 주말
- အားသည် 아:띠 한가하다, 시간 여유가 있다
- အတူတူ 아뚜두 같이

- ကြာသပတေးနေ့ 짜따바데이:네이 목요일
- စာမေးပွဲ 싸메이:붸: 시험
- ဗုဒ္ဓဟူးနေ့. 봇.다후: 수요일
- စာကျက်သည် 싸쩻.띠 공부하다, 외우다
- ညနေစာ 냐.네이사 저녁식사
- စားသည် 싸:띠 먹다

1 နောက် 나욱. + 명사

'다음 주', '다음 달', '내년' 등 미래의 시간을 표현할 때, 명사 앞에 접두사 နောက်을 붙인다.

နောက်နေ့. ဖုန်းဆက်လိုက်မယ်။ 나욱.네이. 폰:셋.라익.매	내일 모레 전화할게.
နောက်နှစ်မှာ မင်္ဂလာဆောင်မယ်။ 나욱.닛.흐마 밍글라사운매.	내년에 결혼할 거예요.
စာမေးပွဲက နောက်လပါ။ 싸메이:붸:가. 나욱.라.바	시험은 다음 달이에요.

2 동사 + မလဲ 마레: / 동사 + မလား 마라:

'~(으)ㄹ까요?'의 뜻으로, 상대방의 의견을 물을 때 동사 뒤에 မလဲ 또는 မလား를 붙인다. မလဲ는 의문사 의문문에, မလား는 의문사가 없는 의문문에 사용한다.

နေ့.လည်စာ ဘာစားမလဲ။ 네이.레사 바싸:마레:	점심 뭐 먹을까요?
ငါတို့. ဘယ်မှာ တွေ့.ကြမလဲ။ 응아도. 배흐마 뛔이.자.마레:	우리 어디서 만날까요?
မနက်ဖြန် တွေ့.ကြမလား။ 마낵.퍈 뛔이.자.마라:	내일 만날까요?

3 동사 + ရအောင် 야.아웅

ရအောင်는 '~(하)자', '~ㅂ시다'라는 뜻의 청유문 종결어미로, 동사 뒤에 붙여 사용한다.

ငါတို့ ကျောင်း အတူတူ သွားရအောင်။
응아도. 짜우: 아뚜뚜 똬:야.아웅

우리 학교에 같이 갑시다.

ရုပ်ရှင် သွားကြည့်ရအောင်။
욧.신 똬:찌.야.아웅

영화 같이 보러 갑시다.

ရုံးဆင်းရအောင်။
용:신:야.아웅

퇴근합시다.

4 동사 + ပြီး 삐:

ပြီး는 두 개의 동사를 연결하는 연결어미로, 동사 뒤에 붙여 사용한다. 앞의 동작과 뒤의 동작이 순서대로 일어남을 나타낸다.

ရေချိုးပြီး အပြင်သွားမယ်။
에이쵸:비: 아삔똬:메

샤워하고 밖에 나가자.

ဖုန်းဆက်ပြီး သတင်းမေးတယ်။
폰:셋.비: 따딘:메이:대

전화해서 안부를 물어요.

ဘုရားရှိခိုးပြီး အိပ်ယာဝင်တယ်။
파야:시.코:비: 에잇.야윈대

절하고 잠자리에 듭니다.

대화 말하기

● 요일 말하기

A: ဒီနေ့ ဘာနေ့လဲ။

디네이. 바 네이.레:

오늘 무슨 요일이에요?

B: ကြာသပတေးနေ့ပါ။

짜따바데이:네이.바

목요일이에요.

● 제안하기

A: ပိတ်ရက်မှာ ကျွန်မတို့ စာ အတူတူ

빼잇.엑.흐마 쯔마.도. 싸 아뚜두

ကျက်ကြမလား။

짹.짜.마라:

우리 주말에 같이 공부할까요?

B: ကောင်းတယ်။

까우:대

좋아요.

1 오늘 무슨 요일이에요?

ဒီနေ့ ဘာနေ့လဲ။

디네이. 바네이.레:

---

2 목요일이에요.

ကြာသပတေးနေ့ပါ။

짜따바데이:네이.바

---

3 다음 주 수요일이 시험이에요.

နောက်အပတ် ဗုဒ္ဓဟူးနေ့က စာမေးပွဲပါ။

나욱.아빳. 봇.다후:네이.가 싸메이:붸:바

---

4 우리 주말에 같이 공부할까요?

ပိတ်ရက်မှာ ကျွန်မတို့ စာ အတူတူ ကျက်ကြမလား။

뻬잇.엑.흐마 쯔마.도 싸 아뚜두 쩻.자.마라:

---

5 같이 저녁 먹읍시다.

ညနေစာ အတူတူ စားရအောင်။

냐.네이사 아뚜두 싸:야.아웅

보충 어휘

- 요일

တနင်္လာနေ့.	따닌:라네이. 월요일	အင်္ဂါနေ့.	잉가네이. 화요일
ဗုဒ္ဓဟူးနေ့.	봇.다후:네이. 수요일	ကြာသပတေးနေ့.	짜따.바데이:네이. 목요일
သောကြာနေ့.	따웃.짜네이. 금요일	စနေနေ့.	싸네이네이. 토요일
တနင်္ဂနွေနေ့.	따닌:그눼이네이. 일요일	ကြားရက်	쟈:역. 평일
ပိတ်ရက်	뻬잇.역. 주말	အစိုးရ ရုံးပိတ်ရက်	아쏘:야. 욘:뻬잇.역. 공휴일

- 일상 (2)

ကျောင်းသွားသည်
짜우:똬:띠
학교에 가다

စာကျက်သည်
싸쩻.띠
공부하다

ခရီးသွားသည်
카이:똬:띠
여행 가다

တောင်တက်သည်
따우땍.띠
등산하다

ဘုရားသွားသည်
파야:똬:띠
파고다에 가다

သူငယ်ချင်းနဲ့. တွေ့သည်
따응애진:넷. 뚸이.띠
친구를 만나다

လျှောပင်ထွက်သည်
쇼삥퉥.띠
쇼핑하다

ရုပ်ရှင်ကြည့်သည်
욷신찌.띠
영화를 보다

ဒိတ်လုပ်သည်
데잇.룻.띠
데이트를 하다

전화번호 좀 알려줄래요?

ဖုန်းနံပါတ် ပေးလို့ ရလား။

표시한 부분은 〈문법〉에서 자세히 학습해 보세요.

မင်းဆု
မဖြူဖြူ၊ နေကောင်းလား။
마.퓨퓨   네이까울라:

ဖြူဖြူ
ဟုတ်ကဲ့၊ မင်းဆုရော နေကောင်းလား။
홋.껫.   민:수여: 네이까울라:

မင်းဆု
မဖြူဖြူ၊ အကူအညီ တောင်းစရာ① ရှိလို့.
마.퓨퓨   아꾸아니   따운:사야   시.로.

ညနေ ဖုန်းဆက်လို့. ရလား။②
냐.네이   폰:셋.로.   야.라:

ဖြူဖြူ
ရတာပေ့ါ။
야.다뻐.

မင်းဆု
ဒါဆို ဖုန်းနံပါတ် ပေးပါ။
다소   폰:나밧.   뻬이:바

ဖြူဖြူ
ကျွန်မ ဖုန်းနံပါတ်က 09-2513-44681ပါ။
쯔마.   폰:나밧.까.   똔냐.꼬: 닛.응아:띳.똔 레이:레이:차욱.싯.띳.바

မင်းဆု
ဟုတ်ကဲ့၊ မှတ်ထားလိုက်မယ်။③
홋.껫.   맛.타:레잇.매

ဖြူဖြူ
အကူအညီ လိုရင် အချိန်မရွေး ဖုန်းဆက်ပါ။
아꾸아니   로인   아체인마유에이: 폰:셋.바

민수	퓨퓨 씨, 잘 지내요?
퓨퓨	네, 민수 씨도 잘 지내요?
민수	퓨퓨 씨, 부탁할 게 있어서 그러는데, 저녁에 전화해도 돼요?
퓨퓨	그럼요.
민수	전화번호 좀 알려줄래요?
퓨퓨	제 전화번호는 09-2513-44681이에요.
민수	네, 저장할게요.
퓨퓨	도움이 필요하면 언제든지 전화하세요.

어휘 익히기

- **အကူအညီ တောင်းသည်** 아꾸아니 따운:띠 도움을 요청하다
- **ဖုန်းဆက်သည်** 폰:셋.띠 전화하다
- **ဖုန်းနံပါတ်** 폰:나밧. 전화번호
- **ဖုန်းနံပါတ်ပေးသည်** 폰:나밧.뻬이:띠 전화번호를 (알려) 주다
- **မှတ်သည်** 맛.띠 메모하다, 기억해 두다
- **အချိန်မရွေး** 아체인마유에이: 언제든지
- **အကူအညီ လိုသည်** 아꾸아니 로띠 도움이 필요하다

문법

1 동사 + စရာ 사야

စရာ는 동사 뒤에 붙여서 사용하며, 해당 동사를 명사로 바꿔주는 역할을 한다.

အမေ ဗိုက်ဆာတယ်။ ဘာ စားစရာ ရှိလဲ။

아메이　바익.사대　　　바　　싸:사야　　시.레:

엄마 배 고파요. 먹을 게 뭐 있어요?

မွေးနေ့မှာ ကစားစရာ ဝယ်ပေးပါ။

뭬이:네이.흐마　까사:사야　　　왜뻬이:바

생일에 장난감 사주세요.

ဒီနေ့ တီဗွီမှာ ဘာမှ ကြည့်စရာ မရှိဘူး။

디네이.　띠뷔흐마　바흐마.　찌.사야　　　마시.부:

오늘 텔레비전에 (아무것도) 볼 게 없어요.

2 동사 + လို့ရလား: 로. 야.라: / 동사 + လို့ရတယ် 로. 야.대

동사 뒤에 လို့ရလား / လို့ရတယ်를 붙이면 '~어도 돼요?(의문문)/~어도 돼요.
(평서문)'의 '허락'을 묻고 답하는 의미가 된다. 부정 표현은 동사 뒤에 လို့ မရဘူး:
로. 마야.부:를 붙인다.

အမေ ဒီမုန့် စားလို့ရလား။

아메이　디못.　싸:로.야.라:

엄마, 이 과자 먹어도 돼요?

ဒီနေရာမှာ ဆေးလိပ် သောက်လို့ မရဘူး။

디네이야흐마. 세이:레잇. 따욱.로. 마야.부:

여기서 담배 피우면 안 됩니다.

ကျွန်မဆီ အချိန်မရွေး ဖုန်းဆက်လို့ ရတယ်။

쯔마.시 아체인마유에: 폰:셋.로. 야.대

저한테 언제든지 전화해도 돼요.

3 동사 + မယ် 매

မယ်는 미래시제를 나타내는 종결어미로, 동사 뒤에 붙여 사용한다.

မနက်ဖြန် မိုးရွာမယ်။

마넷.판 모:유와매

내일 비가 올 거예요.

ငါ နင့်ကို တသက်လုံး ချစ်မယ်။

응아 닌.고 따뗏.론: 칫.매

난 너를 영원히 사랑할 거야.

နောက်နှစ်ဆို ကိုရီးယားမှာ ကျောင်းသွားတက်မယ်။

나욱.닛.소 꼬리:야:흐마 짜우:똬:땍매

내년에 한국으로 유학 갈 거예요.

대화 말하기

● 전화번호 말하기

A: **မဖြူဖြူ၊ ဖုန်းနံပါတ် ပေးပါ။**

마.퓨퓨 폰:나밧. 뻬이:바

퓨퓨 씨, 전화번호 좀 알려주세요.

B: **ကျွန်မ ဖုန်းနံပါတ်က 09-2513-44681ပါ။**

쯔마. 폰:나밧.가. 똔냐.꼬: 닛.응아:떳.똔: 레이:레이:차욱.싯.떳.바

제 전화번호는 09-2513-44681이에요.

● 허락 구하기

A: **အကူအညီ တောင်းစရာရှိလို့ ညနေ**

아꾸아니 따운:사야시.로. 냐.네이

ဖုန်းဆက်လို့ ရလား။

폰:셋.로. 야.라:

부탁할 게 있어서 그러는데, 저녁에 전화해도 돼요?

B: **ရတာပေါ့။**

야.다뻐.

그럼요.

1 부탁할 게 있어서 그러는데, 저녁에 전화해도 돼요?

အကူအညီ တောင်းစရာ ရှိလို့ ညနေ
ဖုန်းဆက်လို့ ရလား။

아꾸아니 따운:사야 시.로. 냐.네이 폰:셋.로. 야.라:

---

2 전화번호 좀 알려주세요.

ဖုန်းနံပါတ် ပေးပါ။

폰:나밧. 뻬이:바

---

3 제 전화번호는 010-4413-7570 이에요.

ကျွန်မ ဖုန်းနံပါတ်က 010-4413-7570ပါ။

쯔마. 폰:나밧.가. 똔냐.띳.똔냐. 레이:레이:띳.똔: 쿤응아:쿤똔.냐.바

---

4 저장할게요.

မှတ်ထားလိုက်မယ်။

맛.타:라잇.매

---

5 도움이 필요하면 언제든지 전화하세요.

အကူအညီ လိုရင် အချိန်မရွေး ဖုန်းဆက်ပါ။

아꾸아니 로인 아체인마유에이: 폰:셋.바

• 동사 + စရာ

ကစားစရာ	까사:사야 장난감	သောက်စရာ	따웃.사야 마실 것
ကြည့်စရာ	찌.사야 볼 것	ဖတ်စရာ	팟.사야 읽을 거리
စားစရာ	싸:사야 먹을 것, 음식	လျှော်စရာ	셔사야 빨래할 것
လုပ်စရာ	롯.사야 할 일	ဟင်းချက်စရာ	힝:쳇.사야 요리할 것
မေးစရာ	메이:사야 물어볼 것	ဖုန်းဆက်စရာ	폰:셋.사야 전화할 일

• 일상 (3)

စာအုပ်ငှားသည်	싸웃.응아:띠	책을 빌리다
တီဗွီကြည့်သည်	띠뷔찌.띠	티비를 보다
သီချင်း နားထောင်သည်	따친:나:타우띠	노래를 틀다
ပြတင်းပေါက် ပိတ်သည်	빠딘:바욱. 뻬잇.띠	창문을 닫다
အဲယားကွန်း ပိတ်သည်	에야:꾼: 뻬잇.띠	에어컨을 끄다
ကွန်ပြူတာ သုံးသည်	껌쀼따 똔:띠	컴퓨터를 사용하다
ကစားသည်	까사:띠	놀다
အပြင်သွားသည်	아삔똬:띠	놀러가다
စကားပြောသည်	사가:뼈띠	이야기를 하다, 말하다

퓨퓨 씨랑 통화하고 싶습니다.

မဖြူဖြူနဲ့ ဖုန်းပြောချင်လို့ပါ။

표시한 부분은 〈문법〉에서 자세히 학습해 보세요.

ဝန်ထမ်း　　　**မင်္ဂလာပါ။ ECK ကုမ္ပဏီကပါ။**

밍글라바　　　ECK　　　꼼빠니가.바

မင်းဆု　　　**မင်္ဂလာပါ။ မဖြူဖြူနဲ့ ဖုန်းပြောချင်လို့ပါ။**

밍글라바　　　마.퓨퓨넷.　　　폰:뻐:친로.바

ဝန်ထမ်း　　　**မဖြူဖြူ အလုပ်ကိစ္စ ရှိလို့**① **အပြင်သွားပါတယ်။**

마.퓨퓨　　아롯.께잇.싸.　　시.로.　　아쁀 똬:바대

ဘာကိစ္စ ရှိလို့လဲ။ ဘယ်သူလို့

바께잇.사.시.로.레:　　　　배뚜로.

ပြောပေးရမလဲ။

뻐:뻬이:야.마레:

မင်းဆု　　　**ကျွန်တော် ဖြူဖြူ**② **သူငယ်ချင်း မင်းဆုပါ။**

쯔너　　퓨퓨.　　따응애진:　　　민:수바

အလုပ်အကြောင်း မေးစရာ ရှိလို့ပါ။③

아롯.아짜우:　　　　메이:사야　시.로.바

ဝန်ထမ်း　　　**မဖြူဖြူ ပြန်လာရင်**④ **ဖုန်းပြန်ဆက်ဖို့**

마.퓨퓨　빤라인　　　폰:빤셋.포.

ပြောလိုက်ပါ့မယ်။

뻐:라잇.바.매

မင်းဆု　　　**ဟုတ်ကဲ့၊ ကျေးဇူးတင်ပါတယ်။**

홋.껫.　　　쩨이:주:띤바대

직원	안녕하세요? ECK 회사입니다.
민수	안녕하세요? 퓨퓨 씨하고 통화하고 싶습니다.
직원	퓨퓨 씨는 회사일로 외출 중입니다.(외근 중입니다.)
	무슨 일이신가요? 누구라고 전해 드릴까요?
민수	전 퓨퓨 씨 친구 민수라고 합니다. 일에 대해 물어볼 게 좀 있어서요.
직원	퓨퓨 씨 오면 전화하라고 하겠습니다.
민수	네, 고맙습니다.

* 미얀마어로 '외근 중이다'는 '회사일로 외출 중이다'로 표현한다.

어휘 익히기

- အလုပ်ကိစ္စ 아룻.께잇.싸. 볼일
- ခဏ 카너. 잠깐, 잠시만
- အလုပ်အကြောင်း 아룻.아짜운: 일 얘기
- ဖုန်းပြန်ဆက်သည် 폰:빤셋.띠 다시 전화를 걸다

- အပြင်သွားသည် 아삔똬:띠 외출하다
- ပြောပေးသည် 뼈:뻬이:띠 말을 전해주다
- မေးစရာ 메이:사야 물어볼 것

1 동사 + လို့ 로.

လို့는 '원인'이나 '이유'를 나타내는 연결어미로, 동사나 문장 뒤에 붙여 사용한다.

ဗိုက်ဆာလို့ ထမင်းစားတယ်။   배가 고파서 밥을 먹어요.
바잇.사로.   타민:싸:대

ကျွန်တော် နေမကောင်းလို့ ခွင့်ယူထားတယ်။
쯔너   네이마까우:로.   퀸.유타:대
제가 아파서 휴가를 냈어요.

အိပ်ရေးပျက်လို့ ခေါင်းကိုက်တယ်။
에잇.예이:뼷.로.   가운:까잇.대
어젯밤에 잠을 설쳐서 머리가 아파요.

2 명사 + ့

့는 '~의'란 소유격의 의미로, 명사 뒤에 붙여 사용한다. ့는 1성조의 기호로 선행 명사가 1성조나 3성조로 끝날 때는 생략된다.

ဒါ ကိုကို့ စာအုပ်ပါ။   이것은 오빠의 책입니다.
다   꼬꼬.   사웃.바

သူက ကျွန်မ မောင်လေးပါ။   그는 제 동생입니다.
뚜가.   쯔마.   마우레이:바   (ကျွန်မ가 1성조이기 때문에 ့ 생략)

သူများ ပိုင်ဆိုင်မှုကို မမက်မောပါနဲ့။   남의 재산에 욕심내지 마세요.
뚜먀: 빠인사인무.고   마멧.머바넷.   (သူများ가 3성조이기 때문에 ့ 생략)

3 동사 + လို့ ပါ 로.바

လို့ ပါ는 '~아/어서요'라는 뜻으로, '원인', '이유'를 나타내는 연결어미 လို့ 가 종결어미 ပါ와 결합한 형태이다.

A: ဘာလို့ နောက်ကျတာလဲ။   왜 늦어요?
바로. 나욱.짜.다레:

B: လမ်းပိတ်နေလို့ ပါ။   길이 막혀서요.
란:뻬잇.네이로.바

A: ဘာလို့ ငိုနေတာလဲ။   왜 울어요?
바로. 응오네이다레:

B: အမေ ဆူလို့ ပါ။   엄마한테 혼나서요.
아메이 수로.바

4 동사 + ရင် 인

동사에 ရင်를 붙이면 '~(으)면'이란 뜻의 '가정'이나 '조건'의 의미가 된다.

လိုအပ်တာ ရှိရင် ပြောပါ။   필요한 것이 있으면 말하세요.
로앗.따 시.인 뼈바

စာမေးပွဲ အောင်ချင်ရင် စာကျက်ပါ။   시험에 합격하려면 공부하세요.
싸메:뿨: 아웅친인 싸쩻바

ဗိုက်ဆာရင် ထမင်းစားနှင့်ပါ။   배가 고프면 먼저 밥 드세요.
바잇.사인 타민:싸:닛.바

![새 캐릭터 일러스트] 하루 10분 큰 소리로 말해 보세요.

대화 말하기

● 전화하기 (1)

A: မဖြူဖြူနဲ့။ ဖုန်းပြောချင်လို့ပါ။
마.퓨퓨넷. 폰:뻐:친로.바

퓨퓨 씨랑 통화하고 싶습니다.

B: မဖြူဖြူ အလုပ်ကိစ္စ ရှိလို့ အပြင် ခဏ
마.퓨퓨 아롯.께잇.사. 시.로. 아삔 카나.

သွားတယ်။
똬:대

퓨퓨 씨는 외근 중입니다.

● 전화하기 (2)

A: ဘယ်သူလို့ပြောပေးရမလဲ။
배뚜로. 뻐:뻬이:야.마레:

누구라고 전해 드릴까요?

B: ကျွန်တော် ဖြူဖြူ့ သူငယ်ချင်း မင်းဆုပါ။
쯔너 퓨퓨. 따응애진: 민:수바

전 퓨퓨의 친구 민수입니다.

① 퓨퓨 씨랑 통화하고 싶습니다.

မဖြူဖြူနဲ့ ဖုန်းပြောချင်လို့ပါ။

마.퓨퓨넷. 폰:뼈:친로.바

---

② 퓨퓨 씨는 외근 중입니다.

မဖြူဖြူ အလုပ်ကိစ္စ ရှိလို့ အပြင်သွားပါတယ်။

마.퓨퓨 아롯.께잇.싸. 시.로. 아삔똬:바대

---

③ 누구라고 전해 드릴까요?

ဘယ်သူလို့ ပြောပေးရမလဲ။

배뚜로. 뼈:뻬이:야.마레:

---

④ 저는 퓨퓨의 친구 민수라고 합니다.

ကျွန်တော် ဖြူဖြူ့ သူငယ်ချင်း မင်းဆုပါ။

쯔너 퓨퓨. 따응애진: 민:수바

---

⑤ 돌아오면 전화하라고 할게요.

ပြန်လာရင် ဖုန်းဆက်ဖို့ ပြောလိုက်မယ်။

빤라인 폰:셋.포. 뼈:라잇.매

- 전화

ဟန်းဖုန်း 한:폰:	핸드폰
ကြိုးဖုန်း 쬬:폰:	유선전화
အိမ်ဖုန်း 에인폰:	집전화
ရုံးဖုန်း 욘:폰	회사전화
ဖုန်းဆက်သည် 폰:셋.띠	전화하다
ဖုန်းကိုင်သည် 폰:까인띠	전화를 받다
ဖုန်းခေါ်သည် 폰:커띠	전화를 걸다
ဖုန်းပြောသည် 폰:뻐띠	통화하다
ဖုန်းချသည် 폰:챠.띠	전화를 끊다
ဆက်သွယ်သည် 셋.뚸띠	연락하다
ဆက်သွယ်မှု ဧရိယာပြင်ပ 셋.뚸무.에이리.야삔빠.	서비스 이탈 지역
လိုင်းမအားပါ 라인:마아:바	통화 중

9

취미가 뭐예요?

ဘာ ဝါသနာပါလဲ။

학습내용

- 취미 말하기

표시한 부분은 〈문법〉에서 자세히 학습해 보세요.

ဖြိုဖြို
မင်းဆူ ပိတ်ရက်မှာ ဘာလုပ်လဲ။
민수 　　　 뻬잇.옉.흐마 　　 바롯.레:

မင်းဆူ
ကျွန်တော်က ပိတ်ရက်မှာ ဝါသနာပါတာတွေ
쯔너가. 　　　　 뻬잇.옉.흐마 　　 와따나바다뒈이

လုပ်ဖြစ်တယ်။
롯.핏.대

ဖြိုဖြို
မင်းဆူက ဘာ ဝါသနာပါလဲ။
민수가. 　　 바 　 와따나빠레:

မင်းဆူ
ကျွန်တော်က အားကစား လုပ်ရတာ①
쯔너가. 　　 아:까샤: 　　 롯.야.다

ကြိုက်တယ်။ ဒါကြောင့် ပိတ်ရက်ဆိုရင်②
짜익.대 　　　 다자우. 　　 뻬잇.옉.소인

တနေ့လုံး အားကစား လုပ်တယ်။
따네이.론: 　 아:까샤: 　　 롯.대

ဖြိုဖြို
ဘာ အားကစားမျိုး③ ပုံမှန် လုပ်လဲ။
바 　 아:까샤:묘 　　 뽄흐만 　 롯.레:

မင်းဆူ
တင်းနစ်နဲ့ ရေကူးတာကိုတော့ ပုံမှန်
떼:닛.넷. 　　 예이꾸:다고더. 　　 뽄흐만

လုပ်လေ့④ ရှိတယ်။
롯.레이.시.대

퓨퓨	민수 씨 주말에 뭐 해요?
민수	저는 주말에 취미생활을 합니다.
퓨퓨	민수 씨는 취미가 뭐예요?
민수	저는 운동하는 것을 좋아해요.
	그래서 주말이 되면 하루 종일 운동을 해요.
퓨퓨	어떤 운동을 주로 하세요?
민수	테니스하고 수영을 주로 하곤 합니다.

어휘 익히기

- ပိတ်ရက် 뻬잇.엑. 주말, 휴일
- အားကစား လုပ်သည် 아:까사:롯.띠 운동하다
- ပုံမှန် 뽄흐만 보통

- ဝါသနာပါသည် 와따나 빠띠 취미를 가지다
- တနေ့လုံး 따네이.론: 하루 종일
- ရေကူးသည် 예이꾸:띠 수영하다

문법

1 동사 + ရတာ 야.다

'~(아)서/(으)니까 좋다/싫다/반갑다' 등 어떤 동작이나 행동에 따른 마음의 상
태를 표현할 때, 동사 뒤에 ရတာ를 붙인다.

တွေ့ရတာ ဝမ်းသာပါတယ်။   만나서 반갑습니다.
뛔이.야.다   완:따바대

အလုပ်လုပ်ရတာ အရမ်း ပင်ပန်းတယ်။   일하는 게 너무 힘들어요.
아롯.롯.야.다   아얀: 삔반:대

ဒီမှာ နေရတာ အရမ်း အေးချမ်းတယ်။   여기서 사는 게 참 평화로워요.
디흐마. 네이야.다   아얀: 에이:찬대

2 명사 + ဆိုရင် 소인

명사 뒤에 ဆိုရင်을 붙이면 '~(이)라면'이라는 '조건'을 나타내는 표현이 된다.

အစပ်ဆိုရင် လုံး(ဝ) မစားဘူး။   매운 음식이라면 전혀 안 먹어요.
아쌋.소인   론:와.   마싸:부:

ကိုရီးယား အစားအစာဆိုရင် အားလုံး ကြိုက်တယ်။
꼬리:야: 아싸:아싸소인   아:론: 짜익.대
한국 음식이라면 다 좋아요.

မိုးရာသီဆိုရင် ခရီးသွားရတာ အဆင်မပြေဘူး။
모:야띠소인   카이:똬:야.다   아신마뻬이부:
장마철이면 여행 가는 게 불편해요.

3 명사 + မျိုး 묘:

'어떤 종류의 ○○'라고 말할 때, 해당 명사 뒤에 မျိုး를 붙인다.

ဘယ်လို အစားအစာမျိုး ကြိုက်လဲ။   어떤 음식을 좋아하세요?

배로   아싸:아싸묘: 짜익.레:

ဘယ်လို လူမျိုးကို သဘောကျလဲ။   어떤 사람을 좋아하세요? (이상형)

배로   루묘:고   따버:짜.레:

ဒီလို ရာသီဥတုမျိုးကို အရမ်း သဘောကျတယ်။

디로   야띠우.두묘:고   아얀: 따버:짜.대

이런 날씨를 너무 좋아해요.

4 동사 + လေ့ 레이.

습관이나 반복적인 일을 말할 때, 동사 뒤에 လေ့를 붙인다. '~곤 하다'는 '동사 + လေ့ရှိတယ် 레이.시.대', '~곤 하지 않다'는 '동사 + လေ့ မရှိဘူး 레이. 마시.부:'의 형식으로 말한다.

ကျွန်တော် ဒီဆိုင်မှာ မနက်စာ စားလေ့ရှိတယ်။

쯔너   디사인흐마   마넷.싸   싸:레이. 시.대

전 이 식당에서 아침을 먹곤 합니다.

ကျွန်မ ဒီဇင်�‌ဘာမှာ ခရီးသွားလေ့ရှိတယ်။   저는 12월에 여행 가곤 합니다.

쯔마.   디진바흐마   카이:똬:레이. 시.대

ဆရာ မကြာခဏ ပြောလေ့ရှိတဲ့ စကား   선생님께서 자주 하시는 말씀

사야   마쟈카나.   뼈레이.시.데.   사가:

대화 말하기

● 취미 말하기 (1)

A:　　 မင်းဆူက ဘာ ဝါသနာပါလဲ။

민수가.　　　　　　바　　와따나빠레:

민수 씨는 취미가 뭐예요?

B:　　 အားကစား လုပ်ရတာ ကြိုက်တယ်။

아:까사:　　　　　 롯.야.다　　　　짜익.대

운동하는 것을 좋아해요.

● 취미 말하기 (2)

A:　　 ဘာ အားကစားမျိုး ပုံမှန် လုပ်လဲ။

바　　아:까사:묘:　　　　뽄흐만　　 롯.레:

어떤 운동을 주로 하세요?

B:　　 တင်းနစ်နဲ့ ရေကူးတာကိုတော့ ပုံမှန်

떼:닛.넷.　　　 예이꾸:다고더.　　　　　 뽄흐만

　　　 လုပ်လေ့ရှိတယ်။

롯.레이.시.대

테니스하고 수영을 주로 하곤 합니다.

1 주말에 뭐 해요?

ပိတ်ရက်မှာ ဘာလုပ်လဲ။

빼잇.옉.흐마 바룻.레:

---

2 취미가 뭐예요?

ဘာ ဝါသနာပါလဲ။

바 와따나빠레:

---

3 운동하는 것을 좋아해요.

အားကစား လုပ်ရတာ ကြိုက်တယ်။

아:까사: 롯.야.다 짜익.대

---

4 어떤 운동을 하세요?

ဘာ အားကစားမျိုး ပုံမှန် လုပ်လဲ။

바 아:까사:묘: 뽄흐만 롯.레:

---

5 테니스를 치곤 합니다.

တင်းနစ်ကို ရိုက်လေ့ရှိပါတယ်။

떼:닛.꼬 야잇.레이.시.바대

🎧 09-3

• 취미

ရေကူးသည် 에이꾸:띠	수영하다
ကသည် 까.띠	춤을 추다
ဂစ်တာတီးသည် 기따띠:띠	기타를 치다
ဓါတ်ပုံရိုက်သည် 닷.뽄야익.띠	사진을 찍다
အကျႅီ ချုပ်သည် 인:지촛.띠	옷을 만들다
ပုံဆွဲသည် 뽄쇄:띠	그림을 그리다
တင်းနစ်ရိုက်သည် 뗀:닛.야익.띠	테니스를 치다
ဂေါ့ဖ်ရိုက်သည် 거프야익.띠	골프를 치다
ဘောလုံးကန်သည် 버론:깐띠	축구하다
ဘော်လီဘော ကစားသည် 버리버: 까사:띠	배구를 하다
ဘတ်စကတ်ဘော ကစားသည် 밧.스껫.버: 까사:띠	농구를 하다
ခြင်းလုံးခတ်သည် 친:론:캇.띠	(미얀마식) 제기차기를 하다
လမ်းလျှောက်သည် 란:샤웃.띠	걷다
ပြေးသည် 뻬이:띠	달리다
လက်ဖက်ရည်ဆိုင် ထိုင်သည် 라펫.예이사인 타인띠	카페에서 데이트를 하다 (찻집에서 친구들과 이야기하며 시간을 보내는 것)

10

토요일에 쇼핑 갈까요?

စနေနေ့ လျှော့ပင် သွားကြမလား။

표시한 부분은 〈문법〉에서 자세히 학습해 보세요.

ထွန်းထွန်း မဟာန်နာ ကျွန်တော်တို့ စနေနေ့
마.한나　　　쯔너도.　　　사네이네이.

လျှော့ပင်သွားကြမလား။
써뼁따:자.마라:

ဟန်နာ ဟုတ်ကဲ့၊ ဘယ်ကို သွားကြမလဲ။
홋.껫.　　　배고　　　　　따:자.마레:

ထွန်းထွန်း ဗိုလ်ချုပ်ဈေးကို① သွားကြမယ်။
보쫒.제이:고　　　　따:자.매

ဟန်နာ ဟုတ်ကဲ့၊ ဘာနဲ့ သွားကြမလဲ။
홋.껫.　　　바넷.　　　따:자.마레:

ထွန်းထွန်း ဘတ်စ်ကားနဲ့② သွားကြမယ်။
밧스까:넷.　　　　　따:자.매

ဟန်နာ ဒါဆို ဘယ်အချိန် ဘယ်မှာ④တွေ့ကြမလဲ③။
다소　　배아체인　　배흐마　　뛔.자.마레:

ထွန်းထွန်း စနေနေ့ မနက် ၁၀နာရီ၊ ကျောင်းရှေ့က
싸네이네이.　　마넷.　　세나이　　　짜우:셰이.가.

ကားဂိတ်မှာ တွေ့ကြမယ်။
까:게잇.흐마　　뛔이.자.매

툰툰	한나 씨, 우리 토요일에 쇼핑 갈까요?
한나	좋아요. 어디로 갈까요?
툰툰	보좃시장으로 가요.
한나	그러죠. 뭘 타고 갈까요?
툰툰	버스 타고 가요.
한나	그럼 언제 어디서 볼까요?
툰툰	토요일 오전 10시에 학교 앞 버스 정류장에서 봐요.

어휘 익히기

- ေ◌ျာ◌ပင္သြားသည္ 쎠뼁똬:띠 쇼핑가다
- ◌ိုလ္◌ျ◌ပ္◌ေ◌း 보좃.제이: 보좃시장
- ◌ဘတ္စ◌ကား 밧스까:넷. 버스
- ◌ဘယ္အ◌ျ◌ိန္ 배아체인 언제
- ◌ေတ◌ွ.သည္ 뛔이.띠 만나다
- ◌ကား◌ဂ◌ိတ္ 까:게잇. 정류장

- ◌ဘယ္◌ကို 배고 어디에
- ◌ဘာ◌နဲ◌့ 바넷. 무엇으로
- ◌စီးသည္ 씨:띠 타다
- ◌ဘယ္မှာ 배흐마 어디서
- ◌ေ◌ျာင္း◌ေ◌ရ◌့ 짜우:세이. 학교 앞

문법

1 장소+ကို 고

'~에/로'와 같이 '목적지'를 나타낼 때, 장소 뒤에 ကို를 붙인다. 의문문은 '장소'를 나타내는 의문사 ဘယ် 배에 ကို를 붙여 'ဘယ်ကို ~ လဲ'의 형식으로 말한다.

အမေ ဈေးကို သွားတယ်။
아메이 제이:고 똬:대

엄마는 시장에 갑니다.

အဖေ မနေ့က မန္တလေးကို သွားတယ်။
아페이 마네이.가. 만달레이:고 똬:대

아버지가 어제 만달레에 가셨어요.

အပန်းဖြေခရီး ဘယ်ကို သွားကြမလဲ။
아빤:폐이카이: 배고 똬:자.마레:

여행 어디로 갈까요?

2 명사+နဲ့ 넷.

နဲ့은 '~(으)로'라는 뜻으로, 명사 뒤에 붙여 수단이나 방법을 나타낸다. '무엇으로(무엇을 타고) ~하나요?'라는 질문은 'ဘာနဲ့ 바넷. ~ လဲ'의 형식을 사용한다.

မနင်းဆီ ကျောင်းကို ဘာနဲ့ သွားလဲ။
마.닌:시 짜우:고 바넷. 똬:레:

닌시 씨, 학교에 무엇을 타고 가요?

ကျွန်မ ရုံးကို ဘတ်စ်ကားနဲ့ သွားတယ်။
쯔마. 욘:고 바스까:넷. 똬:대

저는 회사에 버스로 가요.

မြန်မာ လူမျိုးက ထမင်းကို လက်နဲ့ စားတယ်။
먄마 루묘:가. 타민:고 렛.넷. 싸:대

미얀마 사람들은 밥을 손으로 먹어요.

3 ဘယ်အချိန် 배아체인 **+ 동사 +** လဲ 레:

ဘယ်အချိန်은 '언제'라는 뜻의 시간을 물어보는 의문사이다.

အတန်းက �‌ဘယ်အချိန် စလဲ။

아딴:가.　　　　　　배아체인　　　　싸.레:

수업이 언제 시작해요?

အပြင်က ဘယ်အချိန် ပြန်လာမှာလဲ။

아삔가.　　　　배아체인　　　　빤라흐마레:

밖에서 언제 돌아올 거예요?

ငါတို့ ဘယ်အချိန် တွေ့ကြမလဲ။

응아도.　배아체인　　　뛔이.자.마레:

우리 언제 볼까요?

---

4 장소 **+** မှာ 흐마

မှာ는 '~에서'라는 뜻으로, 위치나 장소 뒤에 붙여 사용한다. '어디에(어디에서) ~하나요?'라는 질문은 'ဘယ်မှာ 배흐마 ~ လဲ'의 형식을 사용한다.

မမက စာကြည့်တိုက်မှာ စာအုပ်ဖတ်နေတယ်။

마마.가.　싸찌.다잇.흐마　　　　　　싸옷.팟네이대

마마 씨가 도서관에서 책을 읽고 있습니다.

ငါတို့ ဘယ်မှာ တွေ့ကြမလဲ။

응아도.　배흐마　　뛔이.자.매레:

우리 어디서 만날까?

ရုံးရှေ့မှာ စောင့်နေမယ်။

욘:셰이.흐마　싸운.네이메

사무실 앞에서 기다릴게요.

하루 10분 큰 소리로 말해 보세요.

● 제안하기

A: ကျွန်တော်တို့ စနေနေ့

쯔너도. 사네이네이.

လျှောပင်သွားကြမလား။

쎠삥똬:자.마라:

우리 토요일에 쇼핑 갈까요?

B: ဟုတ်ကဲ့။

홋.껫.

좋아요.

● 약속 시간 및 장소 정하기

A: ဘယ်အချိန် ဘယ်မှာ တွေ့ကြမလဲ။

배아체인 배흐마 뚸.자.마레:

언제 어디에서 볼까요?

B: စနေနေ့ မနက် ၁၀နာရီ၊ ကျောင်းရှေ့က

싸네이네이. 마넷. 세나이 짜운:셰이.가.

ကားဂိတ်မှာ တွေ့ကြမယ်။

까:게잇.흐마 뚸이.자.매

토요일 오전 10시에 학교 앞 버스 정류장에서 봐요.

1 우리 토요일에 쇼핑 갈까요?

ကျွန်တော်တို့ စနေနေ့ လျှော့ပင်သွားကြမလား။

쯔너도. 사네이네이. 쎠삥똬:자.마라:

---

2 뭘 타고 갈까요?

ဘာနဲ့ သွားကြမလဲ။

바넷. 똬:자.마레:

---

3 버스 타고 가요.

ဘတ်စကားနဲ့ သွားကြမယ်။

밧스까:넷. 똬:자.매

---

4 언제 어디서 볼까요?

ဘယ်အချိန် ဘယ်နေရာမှာ တွေ့ကြမလဲ။

배아체인 배네이야흐마 뛔이.자.마레:

---

5 오전 10시에 버스정류장에서 봅시다.

မနက် ၁၀နာရီ ကားဂိတ်မှာ တွေ့ရအောင်။

마냌. 세나이 까:게잇.마 뛔이.야.아웅

• 장소 (1)

ရုပ်ရှင်ရုံ 욧.신욘	영화관
ဈေး 제이:	시장
ရှော့ပင်မော်လ် 셔삥멀	쇼핑몰
ကစားကွင်း 가사:권:	놀이공원
ပန်းခြံ 빤:찬	공원
တိရိစ္ဆာန်ရုံ 따레잇산욘	동물원
ရထားဂိတ် 야타:가잇.	기차역
လက်ဖက်ရည်ဆိုင် 레펫.예이사인	찻집
ထမင်းဆိုင် 타민:사인	식당, 음식점

• 교통수단

ဘတ်စ်ကား 바스까: 버스	တက္ကစီ 떽씨 택시
အဝေးပြေးကား 아웨이:뻬이:까: 고속버스	ရထား 야타: 기차
မြို့ပတ်ရထား 묘.밧.야타: 순환열차	သင်္ဘော 띤:버: 배
လေယာဉ်ပျံ 레이인반 비행기	

11

빨간색보다 노란색이 더 어울려요.

အနီရောင်ထက် အဝါရောင်က ပိုလိုက်တယ်။

대화

11-1

표시한 부분은 〈문법〉에서 자세히 학습해 보세요.

ဟန်နာ　ကျွန်မ ကျောင်းကပွဲ အတွက်
쯔마.　짜운:까.봬:　아뗏.
မြန်မာအကျႌ ဝယ်ရမယ်။①
먄마인:지　왜야.매

ထွန်းထွန်း　ဒီမှာ မြန်မာ အကျႌတွေ စုံတယ်။
디흐마　먄마　인:지뒈이　쏜대
မဟန်နာက ဘာ အရောင်ကို ကြိုက်လဲ။
마.한나가.　바　아야운고　짜익.레:

ဟန်နာ　ကျွန်မက အနီရောင်ကို ကြိုက်တယ်။
쯔마.가.　아니야우고　짜익.대

(ဆိုင်ရှင်ဆီကို)　ဒီ အကျႌ ဝတ်ကြည့်လို့ ရလား။
사인신시고　디 인:지　우엇.찌.로. 야.라:

ဆိုင်ရှင်　ဟုတ်ကဲ့ ရပါတယ်။ ဝတ်ကြည့်ပါ။②
홋.껫.　야.바대　우엇.찌.바
အစ်မက အနီရောင်ထက် အဝါရောင်က
아마.가.　아니야운텟.　아와야운가.
ပို③လိုက်တယ်။
뽀라익.대

ဟန်နာ　ဒါဆို အဝါရောင် မီဒီယမ်ဆိုဒ် ပေးပါ။
다소　이와야우　미디얌사익　빼이:바

한나	전 학교 행사 때문에 미얀마 옷을 사야 해요.
툰툰	여기 미얀마 옷이 다양해요.
	한나 씨는 무슨 색깔을 좋아해요?
한나	저는 빨간색을 좋아해요.
(주인에게)	이 옷을 입어봐도 되나요?
주인	네, 됩니다. 입어 보세요.
	손님은 빨간색보다 노란색이 더 잘 어울려요.
한나	그럼 노란색 미디엄 사이즈로 주세요.

어휘 익히기

- ‍ကျောင်းကပွဲ 짜우:까.뿨: 학교 행사 (학교 축제)
- စုံသည် 쏜띠 다양하다
- ‍ကြိုက်သည် 짜익.띠 좋아하다
- ဝတ်ကြည့်သည် 우엇.찌.띠 입어보다
- လိုက်သည် 라익.띠 어울리다
- ဆိုဒ် 사잇. 사이즈

- အကျႌ 인:지 옷
- အရောင် 아야운 색깔
- အနီရောင် 아니야운 빨간색
- အဝါရောင် 아와야우 노란색
- မီဒီယမ် 미디양 미디엄

1 동사＋ရမယ် 야.매

동사 뒤에 ရမယ်를 붙이면 '~해야 한다'라는 '의무'를 나타낸다.

နေမကောင်းရင် ဆေးသောက်ရမယ်။
네이마까운:인　　　　　　세이:따욱.야.매

아프면 약을 먹어야 해요.

မနက်ဖြန် အစည်းအဝေးအတွက် ကြိုပြင်ဆင်ရမယ်။
마넷판　　　　아씨:아웨이:아뗏.　　　　쪼뼁신야.매

내일 회의를 위해 미리 준비해야 해요.

နောက်အပတ် စာမေးပွဲ ဖြေရမယ်။
나욱.아빳.　　　　싸메이:뷔　　폐이야.매

다음 주에 시험을 봐야 해요.

မနက်ဖြန် ရုံးသွားရမယ်။
마넷.판　　　욘:똬:야.매

내일 회사에 가야 해요.

2 동사＋ကြည့် 찌.

동사 뒤에 ကြည့်를 붙이면 '~해 보세요'라는 '시도'의 의미가 된다.

ကျွန်မ ချက်ထားတဲ့ ဟင်းကို မြည်းကြည့်ပါ။
쯔마.　　책.타:뎃.　　　힝:고　　미:찌.바

제가 한 요리를 맛보세요.

ဒီ သီချင်း ကောင်းတယ်။ နားထောင်ကြည့်ပါ။
디　따친:　　까우:대　　　나:타우찌.바

이 노래는 좋아요. 들어 보세요.

ဒီ အရောင်လေး လှတယ်။ ဂတ်ကြည့်ပါ။

디 아야우레이:　　흘라대　　우엇.찌.바

이 색깔이 예뻐요. 입어 보세요.

အသေးစိတ် အချက်တွေကို မန်နေဂျာဆီ မေးကြည့်ပါ။

아떼이:세잇.　　아책.뒈이고　　만네이자시　　메이:찌.바

자세한 내용은 매니저한테 물어보세요.

3 명사 + ထက် 텟. 명사 + က 가. ပို 뽀 ～

'A보다 B가 더 ~하다'와 같이 두 대상을 비교하여 말할 때는 A(비교 대상) 뒤에 '~보다'라는 뜻의 ထက်, B(주어) 뒤에 주격 조사 က를 붙이고, '더'란 뜻의 부사 ပို를 사용하여 말한다.

အစ်ကိုထက် ညီက အရပ် ပိုမြင့်တယ်။

아꼬텟.　　니가.　　아얏.　　뽀민.대

형보다 동생이 키가 더 커요.

သရက်သီးက မင်းဂွတ်သီးထက် အရသာ ပိုရှိတယ်။

따옛띠:가.　　민.굿.띠:텟.　　아야.따　　뽀시대

망고가 망고스틴보다 더 맛있어요.

မနှစ်ကထက် ဒီနှစ်က ပိုပူတယ်။

마닛.가.텟.　　디닛.가　　뽀뿌대

작년보다 올해가 더 더워요.

ညီမထက် အစ်မက ပိုချောတယ်။

니마.텟.　　아마.가.　　뽀쳐대

동생보다 언니가 더 예뻐요.

대화 말하기

● 좋아하는 색깔 말하기

A: ဘာ အရောင်ကို ကြိုက်လဲ။
바 　아야고 　　짜익.레:

무슨 색깔을 좋아해요?

B: ကျွန်မက အနီရောင်ကို ကြိုက်တယ်။
쯔마.가. 　　아니야우고 　　짜익.대

저는 빨간색을 좋아해요.

● 비교하여 말하기

A: အနီရောင်ထက် အဝါရောင်က
아니야운텟. 　　　아와야운가.

ပိုလိုက်တယ်။
뽀라익.대

빨간색보다 노란색이 더 어울려요.

B: ဒါဆို အဝါရောင် ပေးပါ။
다소 　이와야우 　　뻬이:바

그럼, 노란색으로 주세요.

11-2

문장 말하기

1 무슨 색깔을 좋아하세요?

ဘာ အရောင်ကို ကြိုက်လဲ။

바 아야우고 짜익.레:

2 저는 빨간색을 좋아해요.

ကျွန်မက အနီရောင်ကို ကြိုက်တယ်။

쯔마.가. 아니야우고 짜익.대

3 이 옷을 입어봐도 되나요?

ဒီအင်္ကျီ ဝတ်ကြည့်လို့ ရလား။

디인:지 우엇.찌.로. 야.라:

4 빨간색보다 노란색이 더 어울려요.

အနီရောင်ထက် အဝါရောင်က ပိုလိုက်တယ်။

아니야운텟. 아와야운가. 뽀라잇.대

5 노란색 미디엄 사이즈로 주세요.

အဝါရောင် မီဒီယမ်ဆိုဒ် ပေးပါ။

아와야운 미디양사익 뻬이:바

- 옷, 신발

အင်္ကျီ 인:지 옷	လုံချည် 론지 (남성용) 전통 치마
ထမိန် 타메인 (여성용) 전통 치마	စကပ် 사깟. (일반) 치마
ဘောင်းဘီ 바운:비 바지	တီရှပ် 띠샷. 티셔츠
ရှပ်အင်္ကျီ 샷.인:지 셔츠	ဖိနပ် 페낫. 신발 (쪼리)
ဒေါင့်ဖိနပ် 다운.페낫. (여성용) 구두	ရှူးဖိနပ် 슈:페낫. (남성용) 구두
ပိုက်ဆံအိတ် 빠잇.산에잇. 지갑	လက်ကိုင်အိတ် 렛.까인에잇. (패션) 가방

- 색깔

အဖြူရောင် 아퓨야우 흰색	အမဲရောင် 아메:야우 검은색
အပြာရောင် 아빠야우 파란색	အနီရောင် 아니야우 빨간색
ပန်းရောင် 빤:야우 분홍색	အဝါရောင် 아와야우 노란색
အစိမ်းရောင် 아세인:야우 초록색	လိမ္မော်ရောင် 레인머야우 주황색

12

사과 하나에 얼마예요?
ပန်းသီး ၁ လုံးကို ဘယ်လောက်လဲ။

- 가격 말하기
- 가격 흥정하기

표시한 부분은 〈문법〉에서 자세히 학습해 보세요.

ဟန်နာ **ပန်းသီး ၁လုံးကို ဘယ်လောက်**① **လဲ။**
빤:띠: 따론:고   배라욱.레:

ဆိုင်ရှင် **၁လုံးကို**② **၁၁()(), ၃လုံးကို ၃()()()()ပါ။**
따론:고   따타운.따야 똔:론:고   똔:타운 바

ဟန်နာ **ဈေးကြီးတယ်၊ လျှော့ပေးပါ။**
제이:찌:대   쎠.뻬이:바

ဆိုင်ရှင် **ဘယ်နှလုံး ယူမှာလဲ။**
배네론: 유흐마레:

ဟန်နာ **၁()လုံး ယူမယ်။ ၁လုံးကို ()()()နဲ့**③ **ရမလား။**
세론: 유매   따론:고   싯.야녯.   야.말라:

ဆိုင်ရှင် **()()() တော့ မရဘူး။ ၁()လုံးကို**
싯.야더.   마야.부: 세론:고

၁()()()()နဲ့ ပေးမယ်။
따따운:넷.   뻬이:매

ဒုက်ပျောသီး ၂လုံး အပို ယူသွားပါ။
응앳.뻐띠: 네론: 아뽀   유똬:바

ဟန်နာ **ဟုတ်ကဲ့ ကျေးဇူးတင်ပါတယ်။**
훗.껫.   쩨이:주:띤바대

▶ **잠깐!**
미얀마의 화폐 단위는 ကျပ် ၍ 인데, 가격을 말할 때는 생략하고 숫자만 말한다.

한나	사과 하나에 얼마예요?
주인	1개에 1,100짯, 3개에 3,000짯입니다.
한나	비싸네요. 깎아 주세요.
주인	몇 개 사실 건데요?
한나	10개요. 1개에 800짯으로 되나요?
주인	800짯은 안 돼요. 10개에 10,000짯에 줄게요.
	바나나 2개는 덤으로 드릴게요.
한나	네, 고맙습니다.

어휘 익히기

- ဈေးကြီးသည် 제이:찌:띠 비싸다
- ဘယ်နှလုံး 배네론: 몇 개
- ဟင့်အင်း 힝.잉: 아니요
- အပို 아뽀 덤

- လျှော့သည် 셔.띠 (가격을) 깎다 / 줄이다
- ရသည် 야.띠 되다
- ပေးသည် 뻬이:띠 주다
- ယူသွားသည် 유똬:띠 가져가다

문법

1 ဘယ်လောက် 배라욱.레:

ဘယ်လောက်은 가격을 물어보는 의문사이다.

ထမင်းကြော် ၁ပွဲကို ဘယ်လောက်လဲ။
타민:저   따붸:고   배라욱.레:

볶음밥 한 그릇에 얼마예요?

ဖရဲသီး ၁လုံးကို ဘယ်လောက်လဲ။
페예띠: 따론:고   배라욱.레:

수박 하나에 얼마예요?

အဝေးပြေး ကားလက်မှတ် ၁စောင်ကို ဘယ်လောက်လဲ။
아웨이:뻬이: 까:렛.맛.   따사운고   배라욱.레:

고속버스표 한 장에 얼마예요?

ဖိနပ် ၁ရံကို ဘယ်လောက်လဲ။
파낫.   따얀고   배라욱.레:

신발 한 켤레에 얼마예요?

2 수량 단위 + ကို 고

ကို는 '피자 한 판에', '꽃 한 송이에' 같이 수량 단위 뒤에서 '~에'의 역할을 한다.

ပီဇာ ၁ချပ်ကို ၁၈၀၀၀ပါ။
삐자   따찻.고   따따운:싯.타운바

피자 한 판에 18,000짯이에요.

နှင်းဆီပန်း ၁ပွင့်ကို ၅၀၀ပါ။
흐닌:시빤: 따뷘.고   응아:야바

장미꽃 한 송이에 500짯입니다.

ပေါက်စီ ၁လုံးကို ဘယ်လောက်လဲ။

찐빵 한 개에 얼마예요?

빠웃.시   따론:고   베라욱.레:

ဝင်ကြေး ၁ယောက်ကို ၁၀၀၀ပါ။

입장료는 한 명에 1000짯입니다.

윈제이: 따야욱.고   따타우바

---

3   금액 + နဲ့. 넷.

'(얼마)에 ~하다'라고 말할 때 금액 뒤에 နဲ့를 붙인다.

ဒီ အိတ် ၂၀၀၀၀နဲ့ ဝယ်ထားတယ်။

이 가방 20,000짯에 샀어요.

디 에잇.   네따운:넷.   외타:대

ဒီ အင်္ကျီ ၅၀၀၀နဲ့ ပေးမယ်။

이 옷 5000짯에 줄게요.

디 인:지   응아:타운넷.   뻬이:매

ဒီ ဖိနပ် ဘယ်လောက်နဲ့ ဝယ်ထားလဲ။

이 신발은 얼마에 샀어요?

디 페낫.   베라웃.넷.   왜타:레

သရက်သီး ၁၀လုံးကို ၁၀၀၀နဲ့ ပဲ ယူသွားပါ။

따액.띠: 세론:고   따타우넷.베   유똬:바

망고 10개에 1000짯에 가져가세요.

* 숫자 10 뒤에 단위 명사가 올 때, 10의 발음은 따세가 아닌 세로만 발음한다.

대화 말하기

● 가격 말하기

A: ပန်းသီး ၁လုံးကို ဘယ်လောက်လဲ။

빤:띠:　　　　따론:고　　　　배라욱.레:

사과 하나(한 개)에 얼마예요?

B: ၁လုံးကို ၁၁၀၀ပါ။

따론:고　　　　타운.따야바

하나에 1,100짯이에요.

● 가격 흥정하기

A: ၁လုံးကို ၈၀၀ နဲ့ ရမလား။

따론:고　　　　　싯.야넷.　　　　야.말라:

하나에 800짯으로 되나요?

B: မရဘူး။ ၁၀လုံးကို ၁၀၀၀၀ နဲ့ ပေးမယ်။

마야.부:　　　세론:고　　　따 따운:넷.　　　　뻬이:매

안 돼요. 10개에 10,000짯에 드릴게요.

1 사과 하나에 얼마예요?

ပန်းသီး ၁လုံးကို ဘယ်လောက်လဲ။

빤:띠: 따론:고 배라욱.레:

---

2 비싸네요.

စျေးကြီးတယ်။

제이:찌:대

---

3 깎아 주세요.

လျှော့ပေးပါ။

셔.뻬이:바

---

4 하나에 800짯으로 되나요?

၁လုံးကို ၈၀၀နဲ့ ရမလား။

따론:고 싯.야넷. 야.말라:

---

5 10개 주세요.

၁၀လုံး ပေးပါ။

세론: 뻬이:바

보충 어휘

12-3

• 과일

ပန်းသီး
빤:띠:
사과

ဖရဲသီး
프예:띠:
수박

သစ်တော်သီး
띳.떠띠:
배

လိမ္မော်သီး
레인머띠:
오렌지

စတော်ဘယ်ရီသီး
쓰떠베리띠:
딸기

သင်္ဘောသီး
띤:버:띠:
파파야

ငှက်ပျောသီး
응엣.뼈:띠:
바나나

နာနတ်သီး
나낫.띠:
파인애플

စပျစ်သီး
스빗.띠:
포도

ကြက်မောက်သီး
쩻.마웃.띠:
람부탄

သရက်သီး
따옛.띠:
망고

မင်းဂွတ်သီး
민:굿.띠:
망고스틴

• 수량 단위

ကီလို 끼로 킬로

ပိဿာ 뻬잇.따 / 뻬잇따 고기, 식용유 등의 무게를 잴 때 사용하는 미얀마 전통 단위 (1뻬잇따 = 1.6kg)

ကျပ်သား 짯.따: / 짯따 고기, 식용유 등의 무게를 잴 때 사용하는 미얀마 전통 단위 (10짯따 = 1뻬잇따)

စည်း 시: 묶음

ပြည် 삐 쌀을 살 때 쓰는 단위

အိတ် 에잇. 봉지

ထုပ် 톳. 팩

13

사전 있어요?

အဘိဓာန် ရှိလား။

표시한 부분은 〈문법〉에서 자세히 학습해 보세요.

မင်းဆု
မဖြူဖြူ။ အဘိဓာန် ရှိလား။ ကျွန်တော့်ကို
마.퓨퓨   아비.단   시.라: 쯔너.고

အဘိဓာန် ငှားပေး①**လို့ ရမလား။**
아비.단   응아:뻬이:로.   야.마라:

ဖြူဖြူ
ဟုတ်ကဲ့၊ ကျွန်မ စားပွဲပေါ်မှာ ကြည့်ကြည့်ပါ။
홋.껫.   쯔마.   사붸:보흐마   찌.찌.바

မင်းဆု
မရှိဘူး။
미시.부:

ဖြူဖြူ
ဒါဆို အံဆွဲထဲမှာ ရှာကြည့်ပါ။
다소   앙쉐:테:흐마   샤찌.바

အဲဒီမှာ မရှိရင် ကွန်ပြူတာ ဘေးမှာ
에디흐마   마시.인   꼰쀼따   베이:흐마

ရှိလိမ့်②**မယ်။**
시.레인.매

မင်းဆု
တွေ့ပြီ။ ကျွန်တော် အိမ်စာ လုပ်ပြီး
뛔이.비   쯔너   에인사   롯.삐:

ပြန်ပေးပါ့မယ်။
빤뻬이:바.매

ဖြူဖြူ
အေးအေးဆေးဆေး သုံးပြီးမှ ပြန်③**ပေးပါ။**
에이:에이:세이:세이: 똔.삐:마   빤뻬이:바

민수	퓨퓨 씨, 사전 있어요? 제게 사전 좀 빌려주실래요?
퓨퓨	네, 제 책상 위를 봐 보세요.
민수	없는데요.
퓨퓨	그럼 서랍 안을 찾아 보세요.
	거기에 없으면 컴퓨터 옆에 있을 거예요.
민수	찾았어요. 숙제를 하고 돌려줄게요.
퓨퓨	천천히 보시고 돌려주세요.

어휘 익히기

- **အဘိဓာန်** အဘိ.ဓန် 사전
- **အံဆွဲ** အံဆွဲ 서랍
- **အိမ်စာလုပ်သည်** အိမ်စာလုပ်.သည် 숙제를 하다
- **အေးအေးဆေးဆေး** အေး:အေး:ဆေး:ဆေး: 편하게, 천천히
- **စားပွဲ** စား:ပွဲ 책상
- **ကွန်ပြူတာ** ကွန်ပြူတာ 컴퓨터

1 동사+ပေး 뻬이:

ပေး는 단독으로 쓰여 '~을 주다'라는 뜻도 있지만, 동사 뒤에 붙어 '~(어) 주다'
의 의미로도 쓰인다.

ကျွန်တော့်ကို လိပ်စာ ပြောပြပေးပါ။

쯔너.고 　　　　　 레잇.싸 　뻐뺘.뻬이:바

저한테 주소 좀 알려 주세요.

အမွေ့ကို သတိရကြောင်း ပြောပေးပါ။

아메이.고 　　　 따다.야.자운: 　　　　 뻐뻬이:바

어머니한테 보고 싶다고 전해 주세요.

လိုအပ်တာ ရှိရင် ကျွန်တော် ကူညီပေးမယ်။

로앗.따 　　　 시.인 　 쯔너 　　　 꾸니뻬이:메

필요한 것이 있으면 제가 도와줄게요.

ပိတ်ရက်မှာ ဘယ်သွားချင်လဲ။ လိုက်ပို့ပေးမယ်။

뻬잇.액.흐마. 　　 배똬:친레: 　　　　　 라익.뽀.뻬이:매

주말에 어디에 가고 싶어요? 데려다 줄게요.

2 동사+လိမ့် 레인.

လိမ့်는 동사 뒤에 붙어서 '가능성'이나 '추측'의 의미를 나타낸다. 미래시제를 나
타내는 종결어미 မယ်와 같이 쓰인다.

မနက်ဖြန် မိုးရွာလိမ့်မယ်။

마넷.퐌 　　　 모:유와레인.메

내일 비가 올 거예요.

သီတာက အလုပ်စောစောပြီးရင် လာလိမ့်မယ်။

띠다가.　　　아룻.써써삐:인　　　　　라레인.매

띠다 씨가 일이 일찍 끝나면 올 것 같아요.

ဒီနှစ် စာမေးပွဲက အရင်နှစ်ထက် ပို ခက်လိမ့်မယ်။

디닛　싸메이:붸:가.　　아인닛텟.　　　뽀 켓.레인.메

올해 시험이 작년 시험보다 더 어려울 것 같아요.

မိုးရွာရင် လမ်းပိတ်လိမ့်မယ်။

모:유와인　　란:삐잇.레인.매

비가 오면 길이 막힐 거예요.

3　ပြန်ᵖᵖᵃⁿ + 동사

접두사 ပြန် 은 '다시금', '도로'의 의미를 나타내는 말로, 동사 앞에 붙인다.

အရင် အချိန်တွေကို ပြန်လိုချင်တယ်။

아인　　아체인뒈이고　　　빤로친대

예전 시간들로 되돌아가고 싶어요.

လူကြီးကို ပြန်မပြောနဲ့။

루지:고　　　　빤마뼈:넷.

어른한테 말대꾸하지 마세요.

နားမလည်တာ ရှိရင် ပြန်မေးပါ။

나:마레다　　　　시.인　　빤메이:바

이해가 안되면 다시 물어보세요.

（頭に小鳥のイラスト）하루 10분 큰 소리로 말해 보세요.

대화 말하기

● 물건 빌리기

A: ကျွန်တော့်ကို အဘိဓာန်
쯔너.고　　　　　　아비.단

ငှားပေးလို့ ရမလား။
응아:뻬이:로.　　　야.마라:

제게 사전 좀 빌려주실래요?

B: ဟုတ်ကဲ့၊ စားပွဲပေါ်မှာ ကြည့်ကြည့်ပါ။
훗.껫.　　　사뷔:보흐마　　　찌.찌.바

네, 책상 위에 보세요.

● 사물의 위치 말하기

A: ကွန်ပြူတာ ဘေးမှာ ရှိလိမ့်မယ်။
꼰쀼따　　　　베이:흐마　　　시.레인.매

컴퓨터 옆에 있을 거예요.

B: တွေ့ပြီ။
뛔이.비

찾았어요.

① 사전 있어요?

အဘိဓာန် ရှိလား။

아비.단 시.라:

----

② 사전 좀 빌려주실래요?

အဘိဓာန် ငှားပေးလို့ ရမလား။

아비.단 응아:뻬이:로. 야.마라:

----

③ 책상 위를 보세요.

စားပွဲပေါ်မှာ ကြည့်ကြည့်ပါ။

사붸:보흐마 찌.찌.바

----

④ 서랍 안을 찾아 보세요.

အံဆွဲ အထဲမှာ ရှာကြည့်ပါ။

앙쇄: 아테:흐마. 샤찌.바

----

⑤ 컴퓨터 옆에 있을 거예요.

ကွန်ပျူတာ ဘေးမှာ ရှိလိမ့်မယ်။

꾼쀼따 베이:흐마 시.레인.매

• 위치

အပေါ် 아빠 위	**အောက်** 아욱. 아래
အထဲ 아테: 안	**အပြင်** 아삔 밖
အရှေ့ 아셰이. 앞	**အနောက်** 아나웃. 뒤
ဘေး 베이: 옆	

• 사물

စာအုပ်
싸옷
책

ဗလာစာအုပ်
발라싸옷
공책

ဘောလ်ပင်
버삔
펜

ခဲတံ
케단
연필

ခဲဖျက်
케펫
지우개

ကတ်ကြေး
깟쩨이:
가위

14

서점이 어디에 있어요?

စာအုပ်ဆိုင် ဘယ်နားမှာ ရှိလဲ။

학습내용

• 장소 위치 말하기
• 길 안내하기 (걸어가기)

표시한 부분은 〈문법〉에서 자세히 학습해 보세요.

မင်းဆူ **တစ်ခုလောက် မေးပါရစေ။**①
따쿠.라웃. 메:바야.세이

ကျောင်းသူ **ဟုတ်ကဲ့။**
홋.껫.

မင်းဆူ **စာအုပ်ဆိုင် ဘယ်နားမှာ ရှိလဲ။**
싸옷.사인 배나:흐마 시.레:

ကျောင်းသူ **ပင်မဆောင်ရဲ့**② **ပထမထပ်မှာ ရှိပါတယ်။**
삔마.사운옛. 빠.타마.탓.흐마. 시.바대

မင်းဆူ **ပင်မဆောင်ကို ဘယ်လို သွားရလဲ။**
삔마.사운고 배로 똬:야.레:

ကျောင်းသူ **ဒီလမ်းအတိုင်း တည့်တည့် သွားပြီး**
디란:아따인: 뗏.뗏. 똬:비:

ဘယ်ဘက်ကို ကွေ့ရင် ကန်တင်း ရှိလိမ့်မယ်။
배벳.고 꿰이.인 깐띤: 시.레인.매

ကန်တင်းကနေ အရှေ့ကို ဆက်③ **သွားရင်**
깐띤:가네이 아셰이.고 셋.똬:인

ပင်မဆောင် ရှိပါတယ်။
삔마.사운 시.바대

민수	뭐 좀 여쭤볼게요.
학생	네.
민수	서점이 어디에 있어요?
학생	본관 1층에 있습니다.
민수	본관에 어떻게 가나요?
학생	이 길로 쭉 가서 좌회전을 하면 학생 식당이 있을 거예요.
	학생 식당에서 앞으로 쭉 가시면 본관이 있습니다.

어휘 익히기

- **စာအုပ်ဆိုင်** 싸웃.사인 서점
- **ပထမထပ်** 빠.타마.탓. 1층
- **တည့်တည့်** 뗏.뗏. 직진
- **ကန်တင်း** 깐띤: 학생 식당
- **ဆက်သွားသည်** 셋.똬:띠 계속 가다

- **ပင်မဆောင်** 삔마.사운 본관 건물
- **လမ်း** 란: 길
- **ဘယ်ဘက်** 베벳. 좌회전
- **အရှေ့** 아셰이. 앞

1 동사 + ပါရစေ 바야.세이

ပါရစေ는 동사 뒤에 붙여 '기도'나 '부탁', '바람'을 나타내는 종결어미이다.

ခင်ဗျားရဲ့ ဆန္ဒကို သိပါရစေ။

케먀:옛.　　산다.고　　　띠.바야.세이

당신의 의견을 말해 주세요.

ထမင်း အရင် စားပါရစေ။

타민:　　아인　　싸:바야.세이

밥부터 먹게 해 주세요.

ကိစ္စရှိလို့ အရင် သွားပါရစေ။

께잇.싸.시.로.　아인　　또:바야.세이

일이 좀 있어서 먼저 가 보겠습니다.

နေမကောင်းလို့ ၁ရက်လောက် နားပါရစေ။

네이마까우:로.　　　따엑.라욱.　　나:바야.세이

아파서 하루만 휴가를 쓰겠습니다.

2 명사 + ရဲ့ 옛.

ရဲ့는 명사 뒤에 붙어 '~의'란 뜻으로 사용되며, 앞의 명사와 뒤의 명사의 소유 관계를 나타낸다.

သူက ကျွန်မရဲ့ မောင်လေးပါ။

뚜가.　　쯔마.옛.　　마우레이:바

그는 제 남동생입니다.

ဒါက အဖွားရဲ့ နောက်ဆုံး အမွေပါ။

다가.　아퐈:옛.　나옥.손:　　아뭬이바

이것은 할머니의 마지막 유물이에요.

အမေက ကျွန်မရဲ့ အချစ်ဆုံးပါ။ 엄마가 저의 제일 사랑하는 사람입니다.
아메이가. 쯔마.옛. 아칫.손:바

ဒါ ကျွန်မရဲ့ လွယ်အိတ်ပါ။ 이건 제 가방입니다.
다 쯔마.옛. 뤠에잇.바

3 ဆက် 셋. + 동사

동사 앞에 ဆက်를 붙이면 '계속 ~하다'의 뜻이 된다.

လုပ်လက်စ အလုပ်ကို ဆက်လုပ်ပါ။
롯.렛.사. 아롯.꼬 셋.롯.바
하던 일 계속 하세요.

လက်မလျှော့ဘဲ ဆက်ကြိုးစားပါ။
렛.마셔.베: 셋.쪼:사:바
포기하지 말고 계속 노력하세요.

ကျွန်မ ကျောင်းပြီးလည်း ရန်ကုန်မှာ ဆက်နေမှာပါ။
쯔마. 짜운:삐:레: 양곤흐마 셋.네이흐마바
저는 졸업해도 양곤에 계속 살 거예요.

အရှေ့ကိုသာ ဆက်သွားပါ။
아셰이.고따 셋.똬:바
앞으로만 계속 가세요.

대화 말하기

● 장소 위치 말하기

A: စာအုပ်ဆိုင် ဘယ်နားမှာ ရှိလဲ။

싸옷.사인　　　　　배나:흐마　　　　　시.레:

서점이 어디에 있어요?

B: ပင်မဆောင်ရဲ့ ပထမထပ်မှာ ရှိပါတယ်။

삔마.사운옛.　　　　빠.타마.탓.흐마　　　시.바대

본관 1층에 있습니다.

● 길 안내하기(걸어가기)

A: ပင်မဆောင်ကို ဘယ်လို သွားရလဲ။

삔마.사운고　　　　　배로　　　　　또:야.레:

본관에 어떻게 가나요?

B: ဒီလမ်းအတိုင်း တည့်တည့် သွားပြီး

디란:아따인:　　　　뗏.뗏.　　　　　또:비:

ဘယ်ဘက်ကို ကွေ့ပါ။

배벳.꼬.　　　　　꿰이.바

이 길로 쭉 가서 좌회전을 하세요.

1 서점이 어디에 있어요?

စာအုပ်ဆိုင် ဘယ်နားမှာ ရှိလဲ။

싸웃.사인 배나:흐마 시.레:

2 본관 1층에 있습니다.

ပင်မဆောင်ရဲ့ ပထမထပ်မှာ ရှိပါတယ်။

삔마.사운옛. 빠타마.탓.흐마. 시.바대

3 본관에 어떻게 가나요?

ပင်မဆောင်ကို ဘယ်လို သွားရလဲ။

삔마.사운고 배로 똬:야.레:

4 이 길로 쭉 가세요.

ဒီလမ်းအတိုင်း တည့်တည့် သွားပါ။

디란:아따인: 뗏.뗏. 똬:바

5 학생 식당 앞에 본관이 있습니다.

ကန်တင်း အရှေ့မှာ ပင်မဆောင် ရှိတယ်။

깐띤: 아셰이.흐마. 삔마.사운 시.대

• 방향

အရှေ့ 아셰이. 동쪽 / 앞으로　　အနောက် 아나욱. 서쪽 / 뒤로

တောင် 따운 남쪽　　မြောက် 먀욱. 북쪽

မျက်နှာချင်းဆိုင် 멧.나친:사인 맞은편　　လမ်းကူး 란:꾸: 건너편

ဘယ်ဘက် 베벳. 왼쪽　　ညာဘက် 냐벳. 오른쪽

ဘယ်ကွေ့ 베꿰이. 좌회전　　ညာကွေ့ 냐꿰이. 우회전

တည့်တည့် 뗏.뗏. 직진

• 장소 (2)

စာကြည့်တိုက် 싸지.다익. 도서관　　နားနေဆောင် 나:네이사운 휴게실

ကန်တင်း 깐띤: 학생 식당　　ကားပါကင် 까:빠낀 주차장

ကစားကွင်း 까사:퀸: 운동장　　စာတိုက် 싸다익. 우체국

ဘဏ် 반 은행　　စူပါမတ်ကက် 수빠맛.껫 슈퍼마켓

15

빈 차예요?

ကား အားလား။

표시한 부분은 〈문법〉에서 자세히 학습해 보세요.

မြမြ　ကားအားလား။

까:아:라:

ကားဆရာ　ဘယ်သွားမလို့①လဲ။

배똬:마로.레:

မြမြ　ပန်းဆိုးတန်းကို သွားမလို့ပါ။

빤:소:단:고　똬:마로.바

ဘယ်လောက်လဲ။

배라욱.레:

ကားဆရာ　၅ ထောင်ပဲ ပေးပါ။

응아:타운베　뻬이:바

မြမြ　ဈေးကြီးတယ်။ သွားနေကျ② ၄၀၀၀ ပါ။

제이:찌:대　똬:네이자.　레이:타운바

ကားဆရာ　ဒီအချိန်ဆို လမ်းပိတ်တယ်။ ဈေးမဆစ်ပါနဲ့။③

디 아체인소　란:뻬잇.대　제이:마싯.바넷.

မြမြ　၄၀၀၀ ထားပါ။

레이:타운 타:바

ကားဆရာ　ဟုတ်ပြီ။ တက်ဗျာ။

훗.삐　뗏.뱌

퓨퓨	빈 차예요?
기사	어디 가세요?
퓨퓨	빠소단에 가려고 합니다. 얼마예요?
기사	5000짯만 주세요.
퓨퓨	비싸요. 항상 4000짯으로 가던 건데.
기사	이 시간대에는 길이 막혀요. 깎지 마세요.
퓨퓨	4000짯으로 해 주세요.
기사	알겠습니다. 타시죠.

어휘 익히기

- ပန်းဆိုးတန်း 빤ː소ː단ː 빠소단(지역 이름)
- အချိန် 아체인 시간
- လမ်းပိတ်သည် 란ː삐엇.띠 길이 막히다

- ဈေးကြီးတယ် 제이ː찌ː대 비싸다
- ဒီအချိန် 디아체인 이 시간대
- ဈေးဆစ်သည် 제이ː싯.띠 (가격을) 깎다

1 동사 + မလို့. 마로.

동사 뒤에 **မလို့.**를 붙이면 '계획'이나 '의도'를 나타낸다.

ဘယ်သွားမလို့လဲ။   어디 가세요?

베똬:마로.레:

ထမင်း သွားစားမလို့ ။   가서 밥 먹으려고요.

타민: 똬:싸:마로.

နေမကောင်းလို့. ဆေးခန်း သွားမလို့ပါ။   아파서 병원에 가려고요.

네이마까우:로.   세이:칸: 똬:마로.바

သူငယ်ချင်းနဲ့. တွေ့မလို့ မြို့ထဲ သွားနေတယ်။

따응애진:넷.   뛔이.마로.   묘.테: 똬:네이대

친구랑 만나려고 시내에 가고 있어요.

2 동사 + နေကျ 네이자.

동사 뒤에 **နေကျ**를 붙이면, '~(하)던'이란 뜻의 지난 일을 회상하는 의미가 된다.

သွားနေကျ လမ်းအတိုင်း သွားပါ။   가던 길로 가세요.

똬:네이자.   란:아따인: 똬:바

စားနေကျ အစားအစာက ပို အဆင်ပြေတယ်။   먹던 음식이 더 편해요.

싸:네이자.   아싸:아싸가   뽀 아신뻬이대

ငါတို့ တွေ့နေကျ နေရာမှာ တွေ့မယ်။   우리 만나던 곳에서 만나요.

응아도. 뛔이.네이자. 네이야흐마 뛔이.메

သောက်နေကျ ဆေးပဲ စွဲသောက်ပါ။   먹던 약을 꾸준히 먹어요.

따욱.네이자. 세이:베: 쒜:따욱.바

---

3   မ 마. **＋ 동사 ＋** နဲ့. 넷.

'~(하)지 마세요'라는 부정 명령의 표현이다.

ညနက်မှ မအိပ်နဲ့ ။   밤 늦게 자지 마세요.

냐.넷.흐마. 마에잇.넷.

သူများ ကိစ္စကို စိတ်မဝင်စားနဲ့ ။   남의 일에 관심 갖지 마세요.

뚜먀: 께잇.싸.고 세잇.마윈사:넷.

အစပ် များများ မစားနဲ့ ။   매운 것을 많이 먹지 마세요.

아쌋. 먀:먀: 마싸:넷.

အရက်ကို အလွန်အကျွံ မသောက်နဲ့ ။   술을 지나치게 마시지 마세요.

아약.꼬 아룬아쭌 마따욱.넷.

대화 말하기

● 목적지 말하기

A: ဘယ်သွားမလို့လဲ။

배똬:마로.레:

어디 가세요?

B: ပန်းဆိုးတန်းကို သွားမလို့ပါ။

빤:소:단:고   똬:마로.바

빤소단에 가려고요.

● 택시비 협상하기

A: ဈေးကြီးတယ်။ ၄၀၀၀ ထားပါ။

제이:찌:대   레이:타운   타:바

비싸요. 4000짯으로 해주세요.

B: ဟုတ်ပြီ။

훗.삐

알겠습니다.

1 어디 가세요?

ဘယ်သွားမလို့လဲ။

배 똬:마로.레:

---

2 빤소단에 가려고 합니다.

ပန်းဆိုးတန်းကို သွားမလို့ပါ။

빤:소:단:고 똬:마로.바

---

3 얼마예요?

ဘယ်လောက်လဲ။

배라욱.레:

---

4 5000짯은 비싸요.

၅၀၀၀က ဈေးကြီးတယ်။

응아:타운가. 제이:찌:대

---

5 4000짯으로 해주세요.

၄၀၀၀ ထားပါ။

레이:타운 타:바

• 택시 타기

မြန်မာ	발음	한국어
တက္ကစီ ငှားသည်	떽시응아:띠	택시를 잡다
ကားစီးသည်	까:시:띠	차를 타다
ကားခပေးသည်	까:카.뻬이:띠	차비를 주다
ဈေးဆစ်သည်	제이:싯.띠	가격을 깎다
ဈေးလျှော့သည်	제이:셔.띠	가격을 깎아주다
လမ်းပိတ်သည်	란:뻬잇.띠	길이 막히다
ကားရပ်သည်	까:얏.띠	차를 멈춰 세우다

16

미얀마플라자에 가고 싶어요.

မြန်မာပလာဇာကို သွားချင်တယ်။

표시한 부분은 〈문법〉에서 자세히 학습해 보세요.

မင်းဆု ကျွန်တော် မြန်မာပလာဇာကို သွားချင်① တယ်။
쯔너 먄마쁘라쟈고 똬:친대

ဘယ်လို သွားရမလဲဆိုတာ② သင်ပေးပါ။
배로 똬:야.마레:소다 띤뻬이:바

ဖြုဖြု ဘယ်ကနေ စီးမှာလဲ။
배가네이 시:마레:

မင်းဆု သမိုင်းကပါ။
따메인:가.바

ဖြုဖြု ဒါဆိုရင် သမိုင်းကနေ ၃၈ စီးပြီး
다소인 따메인:가네이 똔:셋.싯.시:비:

လှည်းတန်းမှတ်တိုင်မှာ ဆင်းပါ။
흘레:단:맛.다인흐마 신:바

ပြီးရင် လှည်းတန်းမှာ ၃၃ ပြောင်း③ စီးပြီး
삐:인 흘레:단:흐마 똔:세.똔: 빠운:시:비:

မြန်မာပလာဇာမှာ ဆင်းပါ။
먄마쁘라쟈흐마 신:바

မင်းဆု ဟုတ်ကဲ့၊ ကျေးဇူးတင်ပါတယ်။
홋.껫. 쩨이:주:띤바대

민수	미얀마플라자에 가고 싶어요.
	어떻게 가야 하는지 가르쳐 주세요.
퓨퓨	어디서 출발할 거예요?
민수	따메인에서요.
퓨퓨	그럼 따메인에서 38번을 타고 흘레단 정류장에서 내리세요.
	그리고 흘레단에서 33번을 갈아타고 미얀마플라자에서 내리세요.
민수	네, 고마워요.

어휘 익히기

- မြန်မာပလာဇာ 먄마.쁘라쟈 미얀마플라자
- စီးသည် 시:띠 타다
- သင်ပေးသည် 띤뻬이:띠 가르쳐 주다
- လှည်းတန်း 흘레:단: 흘레단 (지역 이름)
- ပြောင်းစီးသည် 빠우:시:띠 갈아타다

- သွားသည် 똸:띠 가다
- ဘယ်လို 배로 어떻게
- သမိုင်း 따메인: 따메인 (지역 이름)
- မှတ်တိုင် 맛따인 정류장
- ဆင်းသည် 신:띠 내리다

1 동사 + ချင် 친

동사 뒤에 ချင်을 붙이면 '~(하)고 싶다'는 의미가 된다.

ကျွန်မ မြန်မာစာကို လေ့လာချင်တယ်။ 　　　전 미얀마어를 배우고 싶어요.
쯔마.　　　만마사고　　　　레이.라친대

ကမ္ဘာလှည့်ခရီး သွားချင်တယ်။ 　　　세계일주를 하고 싶어요.
끄바렛.카이:　　　　따:친대

ပီဇာ စားချင်တယ်။ 　　　피자를 먹고 싶어요.
삐자　　싸:친대

ကြီးလာရင် ဆရာဝန် ဖြစ်ချင်တယ်။ 　　　커서 의사가 되고 싶어요.
찌:라인　　　　사야원　　　　핏.친대

2 동사 + မလဲဆိုတာ 마레:소다

동사 뒤에 မလဲဆိုတာ를 붙이면 '~(해)야 하는지'라는 뜻이 된다. သင်ပေးပါ 띤 뻬이:바 '가르쳐 주다', ပြောပြပေးပါ 뼈:.뺘.뻬이:바 '말해 주다', ရှင်းပြပေးပါ 신:뺘.뻬이:바 '설명해 주다' 등의 동사와 어울려 사용한다.

ဆူးလေ ဘုရားကို ဘယ်လို သွားရမလဲဆိုတာ သင်ပေးပါ။
술:레이　　파야:고　　　배로　　따:야.마레:소다　　　　　띤뻬이:바
술레이 파고다에 어떻게 가야 하는지 가르쳐 주세요.

ဂင်ချီကို ဘယ်လို လုပ်ရမလဲဆိုတာ ပြောပြပါ။

김치고 배로 롯.야.마레:소다 뼈:빠.바

김치를 어떻게 만드는지 말해 주세요.

ဒီပုစ္ဆာကို ဘယ်လို တွက်ရမလဲဆိုတာ ရှင်းပြပေးပါ။

디뿟.사고 배로 뛧.야.마레:소다 신:뼈.뼤이:바

이 문제를 어떻게 풀어야 하는지 설명해 주세요.

ဒါကို ဘယ်လို စားရမလဲဆိုတာ ပြောပြပါ။

다고 배로 싸:야.마레:소다 뼈:빠.바

이것을 어떻게 먹어야 하는지 말해 주세요.

ပြောင်း 빠운: + 동사

동작이 바뀜을 나타낼 때 동사 앞에 접두사 ပြောင်း를 붙인다.

ဒီဆေးနဲ့. မတည့်ရင် တခြားဆေး ပြောင်းသောက်ပါ။

디세이넷. 마뗏.인 따차:세이: 빠운:따욱바

이 약과 안 맞으면 다른 약을 바꿔서 먹어 보세요.

ဒီတခေါက် မြန်မာနိုင်ငံကို ပြန်ရင် ဗီယက်နမ်မှာ ပြောင်းစီးမယ်။

디따카웃. 먄마나잉간고 빤인 비옛남흐마. 빠운:시:매

이번에 미얀마에 가면 베트남에서 갈아탈 겁니다.

အခု အလုပ် အဆင်မပြေရင် တခြား အလုပ် ပြောင်းလုပ်မယ်။

아쿠. 아롯. 아신마뼤이인 따차: 아롯 빠운:롯.매

지금 (하는) 일이 잘 안되면 다른 일을 바꿔서 할 거예요.

대화 말하기

● 목적지에 가는 방법 묻기

A: မြန်မာပလာဇာကို ဘယ်လို
만마쁘라쟈고   배로

သွားရမလဲဆိုတာ သင်ပေးပါ။
똬:야.마레:소다   띤뻬이:바

미얀마플라자에 어떻게 가야 하는지 가르쳐 주세요.

B: ဘယ်ကနေ စီးမှာလဲ။
배가네이   시:마레:

어디서 출발할 거예요?

● 길 안내하기 (교통수단 이용)

A: သမိုင်းကနေ ၃၈ စီးပြီး
따메인:가네이   똔:셋.싯.시:비:

လှည်းတန်းမှတ်တိုင်မှာ ဆင်းပါ။
흘레:단:맛.다인흐마   신:바

따메인에서 38번을 타고 흘레단 정류장에서 내리세요.

B: ဟုတ်ကဲ့၊ ကျေးဇူးတင်ပါတယ်။
홋.껫.   쩨이:주:띤바대

네, 고마워요.

1 미얀마플라자에 가고 싶어요.

မြန်မာပလာဇာကို သွားချင်တယ်။

먄마쁘라쟈고 똬:친대

---

2 어떻게 가야 하는지 가르쳐주세요.

ဘယ်လို သွားရမလဲဆိုတာ သင်ပေးပါ။

배로 똬:야.마레:소다 띤뻬이:바

---

3 38번을 타고 흘레단에서 내리세요.

၃၈ စီးပြီး လှည်းတန်းမှာ ဆင်းပါ။

똔:셋.싯.시:비: 흘레:단:흐마 신:바

---

4 흘레단에서 33번으로 갈아타세요.

လှည်းတန်းမှာ ၃၃ကို ပြောင်းစီးပါ။

흘레:단:흐마. 똔:셋.똔:고 빠운:시:바

---

5 고맙습니다.

ကျေးဇူးတင်ပါတယ်။

쩨이:주:띤바대

• 버스 · 기차 타기

မြို့တွင်းဘတ်စ်ကား	묘.뒨:바스까:	시내버스
မြို့ပြင်ဘတ်စ်ကား	묘.빈바스까:	시외버스
ဘတ်စ်ကား စောင့်သည်	바스까: 싸운.띠	버스를 기다리다
ဘတ်စ်ကား စီးသည်	바스까: 시:띠	버스를 타다
ပြောင်းစီးသည်	뺘우: 시:띠	갈아타다
မှတ်တိုင်	맛.따인	정류장
စီးမယ့် မှတ်တိုင်	시:멧. 맛.따인	(버스를) 타는 정류장
ဆင်းမယ့် မှတ်တိုင်	신:멧. 맛.따인	(버스를) 내리는 정류장
ဂိတ်စ	게잇.사.	차고지 (출발지점)
ဂိတ်ဆုံး	게잇.손:	차고지 (도착지점)
ကားခ	까:카.	버스비
ဘတ်စ်ကားလိုင်း	바스까:라인:	버스 노선
ရထားစီးသည်	야타:시:띠	기차를 타다
ရထားဘူတာ	야타:부다	기차역
ရထားလက်မှတ်	야타:렛.흐맛.	기차표
ရထားလက်မှတ် ဝယ်သည်	야타:렛.흐맛. 외띠	기차표를 사다

17

방을 예약하고 싶습니다.

အခန်း ဘွတ်ကင် လုပ်ချင်လို့ပါ။

표시한 부분은 〈문법〉에서 자세히 학습해 보세요.

ဂန်ထမ်း မင်္ဂလာပါ။ ရန်ကုန်ဟိုတယ်မှ ကြိုဆိုပါတယ်။
밍글라바 양곤호떼흐마. 쪼소바대

ဟန်နာ နှစ်ယောက်အိပ်ခန်း ၁ခန်း
네야욱.에잇.칸: 따칸:

ဘွတ်ကင်လုပ်ချင်လို့ပါ။① ၄လပိုင်း
붓.낀롯.친로.바 레이:라.바인:

၁၄ရက်နေ့ အတွက်ပါ။
세.레이:옛.네이. 아뛱.바

ဂန်ထမ်း ဟုတ်ကဲ့ အခန်းလွတ် ရှိပါတယ်။
홋.껫. 아칸:룻. 시.바대

ဟန်နာ တစ်ညကို ဘယ်လောက်လဲ။
따냐.고 배라욱.레:

ဈေးသက်သာတဲ့② အခန်း ပေးပါ။
제이:뗏.따뗏. 아칸: 뻬이:바

ဂန်ထမ်း တစ်ညကို ဒေါ်လာ ၁၀၀၀၀က ဈေး
따냐.고 덜라 따야가. 제이:

အသက်သာဆုံ③:ပါ။
아뛧.따손:바

ဟန်နာ ဘာ ဂန်ဆောင်မှုတွေ ပါလဲ။
바 원사운흐무.줴이 빠레:

ဂန်ထမ်း အင်တာနက်၊ ရေပူရေအေး၊ မနက်စာ ပါပါတယ်။
인따넷. 예이부예이에이. 마넷.싸 빠바대

직원	안녕하세요? 양곤 호텔입니다.
한나	2인실 하나 예약하고 싶어서요. 4월 14일에 묵을 겁니다.
직원	빈방이 있습니다.
한나	1박에 얼마예요? 저렴한 방으로 주세요.
직원	1박에 100달러가 제일 저렴합니다.
한나	어떤 서비스가 제공되나요?
직원	인터넷, 따뜻한 물, 차가운 물, 조식이 제공됩니다.

어휘 익히기

- **နှစ်ယောက်အိပ်ခန်း** 네야욱.에잇.칸: 2인실
- **အခန်းလွတ်** 아칸:룻. 빈방
- **ဝန်ဆောင်မှု** 원사운흐무. 서비스
- **ရေအေး** 예이에이: 차가운 물
- **ဘွတ်ကင်လုပ်သည်** 봇낀롯.띠 예약하다
- **ဈေးသက်သာသည်** 제이:쩻.따띠 가격이 저렴하다
- **ရေပူ** 예이부 따뜻한 물
- **မနက်စာ** 마넷.싸 조식

문법

1 동사 + ချင်လို့ပါ 친로.바

동사 뒤에 ချင်လို့ပါ를 붙이면 '~고 싶어서요'라는 이유를 나타내는 표현이 된다. '~고 싶다'라는 의미의 ချင်에 이유를 나타내는 လို့ပါ가 붙은 표현이다.

A: ဘာလို့ ဂနာမငြိမ် ဖြစ်နေတာလဲ။
     바로.   가나마냐인   핏.네이다레:
     왜 안절부절해요?

B: အိမ်သာ သွားချင်လို့ပါ။
     에인따   똬:친로.바
     화장실에 가고 싶어서요.

A: ဘာလိုချင်လဲ။
     바로친레:
     뭐가 필요하세요?

B: ကျောက်စိမ်း လက်ကောက် ကြည့်ချင်လို့ပါ။
     짜욱.세인: 랙.까욱.   찌.친로.바
     옥팔찌 좀 보고 싶어서요.

2 동사/형용사 + တဲ့ 뎃.

တဲ့는 동사나 형용사가 명사를 수식하는 형태로 쓰일 때 붙이는 어미이다. 시제에 따라 형태가 다르며 '~는', '~던', '~ㄹ' 등의 의미가 된다.

- 현재: 동사 + တဲ့ 뎃. ~(으)ㄴ, ~는
- 과거: 동사 + ခဲ့တဲ့ 켓.뎃. ~(으)ㄴ, ~(았/었)던
- 미래: 동사 + မယ့် 멧. ~(으)ㄹ

မြန်မာစာ လေ့လာနေတဲ့ မဟန်နာကို သိလား။
먄마사   레이.라네이뎃.   마한나고   띨라:
미얀마어를 배우고 있는 한나 씨를 알아요?

ဂျီမင်းက စိတ်ကောင်းတဲ့ မိန်းကလေးပါ။ 지민 씨는 마음이 착한 여자입니다.

지민:가.　　세잇.까운:뎃.　　　메인:가레이:바

ငါ ပြောခဲ့တဲ့ စကားကို မှတ်မိသေးလား။ 내가 한(했던) 말 기억나?

응아 뼈켓.뎃.　　사가:고　　맛.미.떼이:라

မနေ့က နင်နဲ့ တွေ့ခဲ့တဲ့ လူက ဘယ်သူလဲ။

마네이.가.　　닌넷.　　뛔이.켓.뎃.　　루가　　베뚜레:

어제 너랑 만난(만났던) 사람이 누구야?

အစည်းအဝေးမှာ ပြောမယ့် စကား သေချာ ပြင်ဆင်ပါ။

아씨:아웨이:흐마　　　　뼈.멧.　　사가:　　떼이차　　뻰신바

회의에서 할 말을 잘 준비하세요.

3　အ 아.＋동사＋ဆုံး 손:

동사나 형용사의 어간에 앞뒤로 **အ~ဆုံး**을 붙이면 최상급의 의미가 된다.

သီတာက ကျွန်မတို့ ကျောင်းမှာ အလှဆုံးပါ။

띠다가.　　쯔마.도.　　짜운:흐마　　아라.손:바

띠다 씨가 우리 학교에서 제일 예뻐요.

ကျွန်မတို့ အိမ်မှာ အစ်ကိုက အရပ် အရှည်ဆုံးပါ။

쯔마.도.　　에인흐마　애꼬가　　아얏.　　아셰이손:바

우리 집에서 오빠가 제일 키가 커요.

ဒီအတန်းမှာ စာအတော်ဆုံးက ဘယ်သူလဲ။

디아딴:마　　　싸아떠손:가.　　　배뚜레:

이 교실에서 공부를 제일 잘하는 사람이 누구예요?

대화 말하기

● 방 예약하기

A: မင်္ဂလာပါ။ ရန်ကုန်ဟိုတယ်မှ ကြိုဆိုပါတယ်။

밍글라바　　　　　　양곤호떼흐마.　　　　　　쪼소바대

안녕하세요? 양곤 호텔입니다.

B: နှစ်ယောက်အိပ်ခန်း ၁ခန်း

네야욱.에잇.칸:　　　　　　　　　　따칸:

ဘွတ်ကင်လုပ်ချင်လို့ပါ။

붓.낀롯.친로.바

2인실 하나 예약하고 싶어서요.

● 가격 및 서비스 문의하기

A: တစ်ညကို ဘယ်လောက်လဲ။

따냐.고　　　　　배라욱.레:

1박에 얼마예요?

B: တစ်ညကို ဒေါ်လာ 100ပါ။

따냐.고　　　　　덜라 따아바

1박에 100달러입니다.

1 2인실 하나를 예약하고 싶어서요.

နှစ်ယောက်အိပ်ခန်း ၁ ခန်း
ဘွတ်ကင်လုပ်ချင်လို့ပါ။

네야욱.에잇.칸: 따칸: 붓.낀롯.친로.바

2 4월 14일에 묵을 겁니다.

၄လပိုင်း ၁၄ရက်နေ့ အတွက်ပါ။

레이:라.바인: 세.레이:엣.네이. 아뙷.바

3 1박에 얼마인가요?

တစ်ညကို ဘယ်လောက်လဲ။

따냐.고 배라욱.레:

4 저렴한 방으로 주세요.

ဈေးသက်သာတဲ့ အခန်း ပေးပါ။

제이:뗏.따뗏. 아칸: 뻬이:바

5 어떤 서비스를 제공하나요?

ဘာ ဝန်ဆောင်မှုတွေ ပါလဲ။

바 원사운흐무.뒈이 빠레:

🎧 17-3

• 호텔

တစ်ယောက်အိပ်ခန်း	따야욱.에잇.칸:	1인실
နှစ်ယောက်အိပ်ခန်း	네야욱.에잇.칸:	2인실 (더블 침대)
Twin Room	뛴룸	2인실 (트윈 침대)
မိသားစုခန်း	미.따:수칸:	가족실
၁ ညအိပ် ၂ ရက်	따냐.에잇. 네옛.	1박 2일
၂ ညအိပ် ၃ ရက်	네냐.에잇. 똔:옛.	2박 3일
Check in အချိန်	책.인 아체인	체크인 시간
Check out အချိန်	책.아웃. 아체인	체크아웃 시간
Morning Call	모닝:껄:	알람
မနက်စာ	마넷.싸	조식
အခန်း သန့်ရှင်းရေး	아칸: 딴.신:예이:	룸 청소
အိပ်ယာခင်း	에잇.야킨:	침대커버
ကုတင်	꼬딘	침대
ကုတင် အပို	꼬딘 아뽀	엑스트라 베드
ရေသန့်	예이딴.	생수
အဲယားကွန်း	에:야:꾼:	에어컨
ရေကူးကန်	예이꾸:간	수영장
ကား အကြိုအပို့	까:아쪼아뽀.	셔틀 운임
ည့်ကြို	엣.조	프런트
ကန်တင်း	깐띤:	식당

18

비행기표를 알아보려고 합니다.

လေယာဉ်လက်မှတ် စုံစမ်းချင်လို့ပါ။

학습내용

· 비행기표 예약 문의
· 비행기표 가격 물어보기

표시한 부분은 〈문법〉에서 자세히 학습해 보세요.

ဂန်ထမ်း
မင်္ဂလာပါ။ မြန်မာ့လေကြောင်းမှ ကြိုဆိုပါတယ်ရှင်။①
밍글라바　먀마.레이자우:흐마.　쪼소바대신

မင်းဆု
နောက်အပတ် ဗုဒ္ဓဟူးနေ့အတွက် ရန်ကုန်-ပုဂံ
나욱.아빳.　봇.다후:네이.아뼷.　양곤-바간

လေယာဉ်လက်မှတ် စုံစမ်းချင်လို့ပါ။
레이인렛.맛.　쏜산:친로.바

လေယာဉ်လက်မှတ်က ဘယ်လောက်လဲ။
레이인렛.맛.가　배라욱.레:

ဂန်ထမ်း
အသွားအပြန် လက်မှတ်က ဒေါ်လာ ၉၀ပါ။
아따:아빤　렛.맛.까.　덜라　꼬:세바

တစ်ကြောင်းတည်း② ဆိုရင် ဒေါ်လာ ၇၀ပါရှင်။
따자운:데:소인　덜라　크네세바신

မင်းဆု
အသွားအပြန် လက်မှတ် ၁စောင် ပေးပါ။
아따:아빤　렛.맛.　따사운　뻬이:바

မြန်မာငွေနဲ့ ရှင်းလို့ရလား။③
만마응웨이넷.　신:로.야.라:

ဂန်ထမ်း
ဟုတ်ကဲ့၊ ဒီနေ့ ငွေလဲနှုန်းအတိုင်း④
홋.껫.　디네이.　응웨레:논:아따인

ရှင်းလို့ ရပါတယ်။
신:로.　야.바대

직원	안녕하세요? 미얀마항공입니다.
민수	다음 주 수요일에 출발하는 양곤–바간행 비행기표를 알아보려고 합니다.
	비행기표는 얼마예요?
직원	왕복은 90달러, 편도는 70달러입니다.
민수	저는 왕복표를 원합니다. 미얀마 짯화로 계산되지요?
직원	네, 오늘 환율대로 계산됩니다.

어휘 익히기

- **နောက်အပတ်** 나욱.아빳. 다음 주
- **လေယာဉ်လက်မှတ်** 레이인렛.맛. 비행기표
- **အသွားအပြန်** 아똬:아빤 왕복
- **အသွားအပြန် လက်မှတ်** 아똬:아빤 렛.맛. 왕복표
- **ရှင်းသည်** 신:띠 계산하다

- **ဗုဒ္ဓဟူးနေ့** 봇.다후:네이. 수요일
- **စုံစမ်းသည်** 쏜산:띠 알아보다
- **တစ်ကြောင်းတည်း** 따자운:떼: 편도
- **စောင်** 싸운 장
- **ငွေလဲနှုန်း** 응웨이레:논: 환율

1 ရှင် 신 / ခင်ဗျား 케먀:

ရှင်, ခင်ဗျား는 자신을 낮춰서 말할 때 사용한다. 문장의 끝에 붙여서 사용하며, 주어가 여자인 경우에는 ရှင်, 남자인 경우에는 ခင်ဗျား를 붙인다.

တွေ့ရတာ ဝမ်းသာပါတယ်ရှင်။

뛔이.야.다　완:따바대신

만나서 반갑습니다.

ကျွန်တော့ အသက် ၃၀ ရှိပါပြီခင်ဗျား။

쯔너.　　　아뗏.　　　쏜:세 시.바비케먀:

저는 30살이 되었습니다.

မင်္ဂလာပွဲကို ကြွရောက်ပေးတာ ကျေးဇူးတင်ပါတယ်ခင်ဗျား။

밍글라뿨:고　　쫘.야웃.뻬이:다　　쩨이:주:띤바대케먀:

결혼식에 참석해 주셔서 고맙습니다.

2 명사 + တည်း 떼:

တည်း는 '~만'에 해당하는 보조사이다.

တစ်ယောက်တည်း နေရတာ အထီးကျန်တယ်။

따야욱.떼:　　　　네이야.다　　아티:짠대

혼자(만) 사는 게 외로워요.

တစ်ပတ်မှာ တနင်္ဂနွေ တစ်ရက်တည်း အလုပ်နားတယ်။

따밧.흐마　　따닝가눼이　　따옉.데:　　　아룻.나:대

일주일에 일요일 하루만 쉬어요.

ပိုက်ဆံ တစ်ခုတည်း မကြည့်နဲ့။

빠잇.산　　따쿠.데:　　　마찌.네:

돈 하나만 보지 마세요.

3 동사 + လို့ ရလား။ 로.야.라 / 동사 + လို့ ရတယ် 로.야.대

'~해도 돼요?'라고 상대방에게 허락을 구할 때, 동사 뒤에 လို့ရလား를 붙인다.
대답도 같은 형식으로 한다.

ဒါ စားလို့ ရလား။ 이거 먹어도 돼요?
다 싸:로.야.라:

အပြင် ခဏ သွားလို့ရလား။ 잠깐 외출해도 돼요?
아삔 카나. 똬:로.야.라:

ဖုန်းခေါ်လို့ ရတယ်။ 전화해도 돼요.
폰:커로. 야.대

4 명사 + အတိုင်း 아따인:

အတိုင်း는 '대로'라는 뜻으로, 명사나 동사 뒤에 붙여 그 말과 뜻하는 바가 같음
을 나타낸다. 단, 동사 뒤에는 관형사형 어미 တဲ့를 붙여 연결한다.

စည်းကမ်းအတိုင်း လုပ်ဆောင်ပါ။ 규칙대로 진행하세요.
씨:깐:아따인: 롯.사운바

ဥပဒေအတိုင်း လိုက်နာပါ။ 법대로 따르세요.
우.브데이아따인: 라잇.나바

ပြောတဲ့ အတိုင်း လုပ် ပါ။ 말한 대로 행동하세요.
뼤뎃. 아따인: 롯.바

대화 말하기

● 비행기표 예약 문의

A: မြန်မာ့လေကြောင်းမှ ကြိုဆိုပါတယ်ရှင်။
먄마.레이자우:흐마.　　　　　쪼소바대신

미얀마항공입니다.

B: ရန်ကုန်-ပုဂံ လေယာဉ်လက်မှတ်
양곤-바간　　　　레이인렛.맛.

စုံစမ်းချင်လို့ပါ။
쏜산:친로.바

양곤-바간행 비행기표를 알아보려고 합니다.

● 비행기표 가격 물어보기

A: လေယာဉ်လက်မှတ်က ဘယ်လောက်လဲ။
레이인렛.맛.가　　　　　　　　배라욱.레:

비행기표는 얼마인가요?

B: အသွားအပြန် လက်မှတ်က ဒေါ်လာ ၉၀ပါ။
아똬:아빤　　　　렛.맛.까.　　　덜라　　　꼬:세바

왕복 90달러입니다.

1 양곤-바간행 비행기표를 알아보려고 합니다.

ရန်ကုန်-ပုဂံ လေယာဉ်လက်မှတ်
စုံစမ်းချင်လို့ပါ။

양곤-바간 레이인렛.맛. 쏜산:친로.바

---

2 비행기표는 얼마인가요?

လေယာဉ်လက်မှတ်က ဘယ်လောက်လဲ။

레이인렛.맛.가 배라욱레:

---

3 왕복 비행기표를 원합니다.

အသွားအပြန် လေယာဉ်လက်မှတ်
ဝယ်ချင်ပါတယ်။

아똬:아빤 레이인렛.맛. 왜친바대

---

4 왕복 90달러입니다.

အသွားအပြန် လက်မှတ်က ဒေါ်လာ ၉၀ပါ။

아똬:아빤 렛.맛.까. 덜라 꼬:세바

---

5 편도 70달러입니다.

တစ်ကြောင်းတည်းဆိုရင် ဒေါ်လာ ၇၀ပါ။

따자운:데:소인 덜라 크네세바

• 항공

လေယာဉ်ကွင်း 레이인권:	공항
ခရီးစဉ် 카이:신	여정
အသွားအပြန် 아똬:아빤	왕복
တစ်ကြောင်းတည်း 따자운:데:	편도
အသွား 아똬:	가는 편
အပြန် 아빤	오는 편
လေယာဉ်လက်မှတ် 레이인렛.맛.	비행기표
လေယာဉ်ချိန် 레이인체인	비행 출발 시간
လေကြောင်းလိုင်း 레이자운:라인:	항공사
သွားတဲ့ နေ့ 똬:뎃.네이.	출발일
ပြန်တဲ့ နေ့ 빤뎃.네이.	도착일
ဘွတ်ကင်တင်သည် 보낀띤띠	예매하다
လက်မှတ် ဝယ်သည် 렛.맛.왜띠	표를 구매하다
လေယာဉ်စီးသည် 레이인 시:띠	비행기를 타다
လေယာဉ်တက်သည် 레이인 뗏.띠	이륙하다
လေယာဉ်ဆင်းသည် 레이인 신:띠	착륙하다
လေယာဉ်ထွက်သည် 레이인 퉷.띠	비행기가 출발하다
လေယာဉ် ကျန်ခဲ့သည် 레이인 짠켓.띠	비행기를 놓치다

19

무엇을 드시겠습니까?

ဘာ သုံးဆောင်မလဲ။

표시한 부분은 〈문법〉에서 자세히 학습해 보세요.

စားပွဲထိုး ဘာ သုံးဆောင်မလဲ။
바　　뜬:사우마레:

ဟန်နာ မုန့်ဟင်းခါးက ဘယ်လို အစားအစာလဲ။
몽.힝:카:가.　　　배로　　　아싸:아싸레:

စားပွဲထိုး ငါးနဲ့ ၄ုက်ပျောပင်နဲ့ ချက်ထားတဲ့
응아:넷　응액:뻐빈넷.　　쳇.타:뎃

ဟင်းရည်မှာ① မုန့်ဖတ်၊ နံနံပင်နဲ့
힝:예이흐마　　못.팟　　난난빈넷.

ရှေတ်သီးမှုန့်ကို ထည့်စားတဲ့ အစားအစာပါ။
응애욧.띠:못.꼬　　테.싸:뎃　　아싸:아싸바

ဟန်နာ ကျွန်မ အစပ် မစားနိုင်②ဘူး။
쯔마.　　아쌋　　마싸:나인부:

စားပွဲထိုး ဒါဆိုရင် ရှေတ်သီးမှုန့် မထည့်ဘဲ③ စားပါ။
다소인　　응애욧.띠:못.　　마텟.베　　　싸:바

ဟန်နာ ဒါဆို မုန့်ဟင်းခါး ၁ပွဲနဲ့ လက်ဖက်ရည်
다소　몽.힝:카　　　따붸:넷.　레펫.예이

၁ခွက်ပေးပါ။
따쿗.뻬이:바

웨이터	뭐 드시겠어요?
한나	몽힝카는 어떤 음식이에요?
웨이터	생선과 바나나 나무 줄기로 만든 국물에 쌀국수, 고수와 고춧가루를 넣고 먹는 음식이에요.
한나	저는 매운 거를 못 먹어요.
웨이터	그럼, 고춧가루를 넣지 말고 드세요.
한나	그럼, 몽힝카 1그릇하고 연유차 1잔 주세요.

어휘 익히기

- သုံးဆောင်သည် 뜬:사우띠 드시다
- ငါး 응아: 생선
- ဟင်းရည် 힝:예이 국물
- နံနံပင် 난난빈 고수
- အစပ် 아쌋 매운 맛

- မုန့်ဟင်းခါး 몽.힝:카: 몽힝카
- ငှက်ပျောပင် 응액.뼈빈 바나나 나무 줄기
- မုန့်ဖတ် 못.팟. 쌀국수
- ရွက်သီးမှုန့် 응애옷.띠:못. 고춧가루
- လက်ဖက်ရည် 레펫.예이 연유차

1 명사+မှာ 흐마

မှာ 흐마는 '~에/에다가'의 뜻이다.

ဆီထဲမှာ ကြက်သွန်ဖြူ ကို အရင် ထည့်ကြော်ပါ။
시테:흐마   쩻.뚠퓨고   아인   테.쩌바
기름에 마늘을 먼저 넣어서 볶으세요.

ဒီ သော့ချိတ်ကို ကျွန်မ လွယ်အိတ်မှာ ချိတ်ပေးပါ။
디 떠.체잇.꼬   쯔마. 뤠에잇.흐마   체잇.뻬이:바
이 열쇠고리를 제 가방에 걸어 주세요.

ဒီ ဆေးကို ရေမှာ ဖျော်ပြီး သောက်ပါ။
디 세이:고   예이흐마 퍼삐: 따욱.바
이 약을 물에 타서 드세요.

2 동사+နိုင် 나인

နိုင်는 '~ㄹ 수 있다'라는 '가능성', '능력'의 의미를 나타내는 선어말어미이다.

ရိပို့ မနက်ဖြန် ပြီးနိုင်လား။
리뽀. 마넷.퐌   삐:나인라:
보고서를 내일까지 마무리할 수 있어요?

သူ မြန်မာ စကား ကောင်းကောင်း ပြောနိုင်တယ်॥

뚜   먄마   사가: 까우:까우: 뻐나인대

그는 미얀마어를 잘 할 수 있어요.

အစည်းအဝေး ၂နာရီလောက်ဆို ပြီးနိုင်တယ်॥

아씨:아웨이: 네나이라욱.소   삐:나인대

회의는 두 시쯤에 끝날 수 있어요.

---

3   မ 마. + 동사 + ဘဲ 베:

동사의 앞뒤에 မ와 ဘဲ를 붙이면 '~하지 않고', '~하지 말고'라는 표현이 된다.

အတန်းချိန်မှာ စကား မများဘဲ တိတ်တိတ် နေပါ॥

아딴:체인흐마   사가: 마먀:베: 떼잇.떼잇.   네이바

수업 시간에 떠들지 말고 조용히 있으세요.

ငါ ထမင်းကို မစားဘဲ မနေနိုင်ဘူး॥

응아 타민:고   마싸:베: 마네이나인부:

나는 밥을 안 먹고 못 살아.

မောင်လေးက စာမလုပ်ဘဲ ဂိမ်းကစားနေတယ်॥

마웅레이:가.   싸마롯.베: 게인:가사:네이대

동생이 공부 안 하고 게임하고 있어요.

ဂိတ်ကျချင်ရင် ထမင်း မစားဘဲ အသီးအရွက် စားပါ॥

웨잇.짜.친인   타민: 마싸:베   아띠:아유엣.   싸:바

살 빼려면 밥을 먹지 말고 야채를 먹어요.

대화 말하기

● 음식 주문하기

A: ဘာသုံးဆောင်မလဲ။

바똔:사운마레:

무엇을 드시겠습니까?

B: မုန့်ဟင်းခါး ၁ပွဲနဲ့ လက်ဖက်ရည်

몽.힝:카:　　　　따뿨:넷.　　레.펫.예이

၁ခွက် ပေးပါ။

따쿽.뻬이:바

몽힝카 1그릇하고 연유차 1잔 주세요.

● 음식 취향 말하기

A: ကျွန်မ အစပ် မစားနိုင်ဘူး။

쯔마.　　　　아쌋.　　　마싸:나인부:

저는 매운 거를 못 먹어요.

B: ဒါဆိုရင် ရေတ်သီးမှုန့် မထည့်ဘဲ စားပါ။

다소인　　　응애웃.띠:못.　　　　마텟.베:　　　　　　싸:바

그럼, 고춧가루를 넣지 말고 드세요.

① 무엇을 드시겠습니까?

ဘာသုံးဆောင်မလဲ။

바똔:사운마레:

---

② 몽힝카는 어떤 음식이에요?

မုန့်ဟင်းခါးက ဘယ်လို အစားအစာလဲ။

몽.힝:카:가. 배로 아싸:아싸레:

---

③ 저는 매운 거를 못 먹어요.

ကျွန်မ အစပ် မစားနိုင်ဘူး။

쯔마. 아쌋. 마싸:나인부:

---

④ 고춧가루를 넣지 마세요.

ငရုတ်သီးမှုန့် မထည့်နဲ့။

응애욧.띠:못. 마테.넷.

---

⑤ 몽힝카 1그릇 주세요.

မုန့်ဟင်းခါး ၁ပွဲ ပေးပါ။

몽.힝:카: 따붸: 뻬이:바

보충 어휘

• 음식, 맛

ကြက်သားဟင်း	쩻.따:힝:	치킨카레
ဝက်သားဟင်း	웻.따:힝:	돼지고기카레
အမဲသားဟင်း	아메:따:힝:	쇠고기카레
အာလူးကြော်	아루:져	감자튀김
ငါးကြော်	응아:져	생선튀김
ကန်စွန်းရွက်ကြော်	까준:유액.져	공심채 볶음
ကြက်ကင်	쩻.낀	치킨구이, 치킨바비큐
ဘဲကင်	베:낀	오리구이, 오리바비큐
ဟင်းချို	힝:죠	국
ဆန်ပြုတ်	산봇.	죽
အသုပ်	아똣.	샐러드
လက်ဖက်သုပ်	레펫.똣.	녹차잎 샐러드
စပ်သည်	쌋.띠	맵다
ချိုသည်	쵸띠	달다
ငန်သည်	응안띠	짜다
ချဉ်သည်	친띠	시다
ဖန်သည်	판띠	텁텁하다
ဆိမ့်သည်	세인.띠	고소하다
အီသည်	이띠	느끼하다

20

어디가 아프세요?

ဘယ်လိုဖြစ်တာလဲ။

표시한 부분은 〈문법〉에서 자세히 학습해 보세요.

ဆရာဝန်	ဘယ်လိုဖြစ်တာလဲ။
	배로핏.따레:

ဟန်နာ	ဝမ်းလျှောလို့ပါ ဆရာ။
	완:셔로.바 사야

ဝမ်းတိတ်ဆေး သောက်လည်း မကောင်းဘူး^①။

완:떼잇.세이: 따웃.레: 마까우:부:

ဆရာဝန်	ဘယ်နေ့ကတည်းက^② စဖြစ်တာလဲ။
	배네이.가데:가. 싸.핏.따레:

ဟန်နာ	၃ရက် ရှိပြီ။
	똔:옛. 시.비

ဆရာဝန်	အန်လား။
	앙라:

ဟန်နာ	ဟင့်အင်း၊ မအန်ဘူး။
	힝.잉: 마앙부:

ဆရာဝန်	ဆေး ၃ရက်စာ ပေးလိုက်မယ်။
	세이: 똔:옛.싸 뻬이:라잇.메

တစ်နေ့ ၃ကြိမ်^③ အစာစားပြီး သောက်ပါ။

따네이. 똔:제인 아싸싸:비: 따욱.바

ဟန်နာ	ဟုတ်ကဲ့။ ကျေးဇူးပါ ဆရာ။
	훗.껫. 쩨이:주:바 사야

의사	어디가 아프세요?
한나	설사를 해서요 선생님. 설사약을 먹었는데도 좋아지지 않아요.
의사	언제부터 그랬어요?
한나	3일 됐어요.
의사	토하기도 하나요?
한나	아니요, 토하지는 않아요.
의사	약을 3일치 줄게요. 하루 3번 식후에 드세요.
한나	네, 감사합니다. 선생님.

어휘 익히기

- ဝမ်းလျှောသည် 완:쎠띠 설사하다
- ဆေးသောက်သည် 세이:따웃.띠 약을 먹다
- အန်သည် 앙띠 토하다
- တစ်နေ့. ၃ကြိမ် 따네이.똔:제인 하루 3번

- ဝမ်းတိတ်ဆေး 완:떼잇.세이: 설사약
- စသည် 싸.띠 시작하다
- ၃ရက်စာ 똔:엣.싸 3일치

문법

1 동사+လည်း 레: ~ မ 마. + 동사 + ဘူး 부:

동사 뒤에 **လည်း**를 붙이면 '~해도', '~하는데도'의 의미가 된다. 이 말은 '부정'의 말과 어울려, 뒤에 나오는 동사나 형용사 뒤에는 **ဘူး**를 붙인다.

ဆေးထိုးလည်း နေမကောင်းဘူး။

세이:토:레: 네이마까운:부:

주사를 맞아도 나아지지 않아요.

အကောင်းစား မိတ်ကပ်ကို သုံးလည်း မလှဘူး။

아까운:사: 메잇.깟.고   똔:레: 마흘라.부:

좋은 화장품을 써도 안 예뻐져요.

အစားလျှော့လည်း ဝိတ်မကျဘူး။

아싸:셔.레: 우엣.마짜.부:

음식을 줄여도 살이 빠지지 않아요.

2 시간+ကတည်းက 가데:가.

ကတည်းက는 '부터'라는 의미로, 시간이나 때를 나타내는 명사 뒤에 붙여 사용한다.

မနေ့ကတည်းက တရေးမှ မအိပ်သေးဘူး။

마네이.가데:가.   따예이:마.   마에잇.떼:부:

어제부터 한숨도 못 잤어요.

စုစုနဲ့ မနှစ်ကတည်းက အဆက်အသွယ် ပြတ်နေတယ်။

수수넷. 마닛.가데:가. 아셋.아뛔 빳네이대

수수하고 작년부터 연락이 끊겼어요.

အစ်ကိုက မနက်ကတည်းက အလုပ်လုပ်နေတယ်။

아꼬가. 마낵.까데:가. 아룻.룻.네이대

오빠가 아침부터 일하고 있어요.

3 ~ နေ့ 네이 ~ ကြိမ် 제인

နေ့ 는 '일(day)', ကြိမ် 은 '번'이라는 뜻으로 '~일에 ~번'이라는 표현이다. '달'은 လ 라. '년'은 နှစ် 닛을 쓴다.

တစ်နေ့ ရေ ၂ ကြိမ် ချိုးတယ်။   하루에 샤워를 2번 해요.

따네이. 에이 네제인 쵸:대

တစ်လ ၃ ကြိမ် ခရီးထွက်တယ်။   한 달에 3번 여행 가요.

따라. 똔:제인 카이:뛧.대

တစ်နှစ် ၁ ကြိမ် အိမ်ပြန်တယ်။   일 년에 1번 집에 가요.

따닛. 따제인 에인빤대

하루 10분 큰 소리로 말해 보세요.

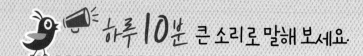

대화 말하기

● 증상 말하기

A: ဘယ်လိုဖြစ်တာလဲ။

배로핏.따레:

어디가 아프세요?

B: ဝမ်းလျှောလို့ပါ။

완:셔로.바

설사를 해서요.

● 약 처방 받기

A: ဆေးကို တစ်နေ့ ၃ကြိမ် အစာစားပြီး

세이:고 따네이. 똔:제인 아싸싸:비:

သောက်ပါ။

따욱.바

약을 하루에 3번 식후에 드세요.

B: ဟုတ်ကဲ့။

홋.껫.

알겠습니다.

1 어디가 아프세요?

ဘယ်လိုဖြစ်တာလဲ။

배로핏.따레:

---

2 설사를 해서요.

ဝမ်းလျှောလို့ပါ။

완:셔로.바

---

3 설사약을 먹어도 안 좋아져요.

ဝမ်းတိတ်ဆေး သောက်လည်း မကောင်းဘူး။

완:떼잇.세이: 따웃.레: 마까우:부:

---

4 3일 됐어요.

၃ရက် ရှိပြီ။

쁜:옛. 시.비

---

5 토하지는 않아요.

အန်တော့ မအန်ဘူး။

앙더. 마앙부:

• 증상

ခေါင်းကိုက်သည် 가운:까익.띠	머리가 아프다
သွားကိုက်သည် 똬:까익.띠	이가 아프다
နှာခေါင်းပိတ်သည် 흐나 카우: 삣.띠	코가 막히다
ချောင်းဆိုးသည် 차우:소:띠	기침이 나다
ရင်ပြည့်သည် 인뻬이.띠	가스가 차다
အန်သည် 앙띠	토하다
နားကိုက်သည် 나:까익.띠	귀가 쑤시다
နှာချေသည် 흐나 체이띠	재채기를 하다
အအေးမိသည် 아에이:미.띠	감기에 걸리다
ဗိုက်နာသည် 바잇.나띠	배가 아프다
အစာမကြေဖြစ်သည် 아싸마쩨이핏.띠	소화가 안 되다
ဝမ်းချုပ်သည် 완:춧.띠	변비가 있다

• 약

အကိုက်အခဲပျောက်ဆေး 아까익. 아케에 뺘웃. 세이:	진통제
အအေးမိဆေး 아에이:미.세이:	감기약
ဝမ်းပျော့ဆေး 완:뼈.세이:	변비약
လိမ်းဆေး 레인:세이:	연고
အစာကြေဆေး 아싸쩨이세이:	소화제
ဝမ်းတိတ်ဆေး 완:떼잇.세이:	설사약 (지사제)
ဆေးသောက်သည် 세이:따웃.띠	약을 먹다
ဆေးလိမ်းသည် 세이:레인:띠	연고를 바르다